Maquette : Sébastienne Ocampo
Illustrations : Fotolia


29 boulevard Raspail
75007 Paris – France
ISBN : 979-10-285-0998-9
ISSN : 2425-4355

C'EST MALIN

GRAND FORMAT

FRANÇOISE CLAUSTRES

# LA BIBLE EN 7 JOURS

LEDUC.S
PRATIQUE

# SOMMAIRE


PRÉPARATION AU VOYAGE 7

**JOUR 1.** LA TORAH, OU ON NE RIGOLE PAS AVEC LA LOI 15

**JOUR 2.** DES HOMMES INCROYABLES 25

**JOUR 3.** DES FEMMES SURPRENANTES 61

**JOUR 4.** QUELQUES ÉPISODES FAMEUX 85

**JOUR 5.** QUELQUES GRANDS ROIS DE L'ANCIEN TESTAMENT 125

**JOUR 6.** QUELQUES CÉLÈBRES PROPHÈTES DE L'ANCIEN TESTAMENT 137

**JOUR 7.** REPOS ! 157

CRÉDITS 167

TABLE DES MATIÈRES 169

# PRÉPARATION AU VOYAGE

Généralement, quand on part en voyage, on s'y prépare en achetant un guide. Eh bien, pour le grand périple que constitue la lecture de la Bible, qui vous fera voyager dans différents pays et à travers plusieurs siècles, mieux vaut se documenter avant de partir. Voici quelques infos pour mieux apprécier l'aventure.

## RÉDACTION, COMPOSITION ET TRADUCTION DE LA BIBLE

La Bible est un texte fondateur pour plusieurs religions :

- L'Ancien Testament, la première partie de la Bible – et la seule pour les juifs – est le socle de la religion juive.
- Les chrétiens fondent leur foi sur l'Ancien et le Nouveau Testament.
- Le Coran des musulmans reprend certaines parties de l'Ancien Testament et considère certains personnages bibliques, tel Jésus, comme un de leurs prophètes.

La figure commune de ces trois religions monothéistes est Abraham (p. 30), surnommé le Père des croyants, dont l'histoire est racontée dans l'Ancien Testament.

**_Des chiffres qui parlent tout seuls !_**

La Bible est :
- le livre le plus vendu au monde ;
- le livre le plus traduit au monde ;
- le premier livre imprimé par Gutenberg.

Les historiens et les archéologues s'accordent aujourd'hui pour dire que le processus de rédaction et de composition de la Bible s'étale sur mille ans, du VIIe siècle av. J.-C. au IIe siècle pour la fin du Nouveau Testament. Bien évidemment, la chronologie archéologique et la chronologie traditionnelle de la Bible, qui fait remonter la rédaction du Pentateuque (les cinq premiers livres) à Moïse, ne concordent pas. Certains personnages sont légendaires, et on y trouve des noms de villes qu'on n'a connues que plus tard. Il est également admis que la Bible n'a pas été dictée par Dieu, mais que ses textes ont été écrits par plusieurs personnes qui n'évitent d'ailleurs pas certains anachronismes. Dans sa leçon inaugurale au Collège de France, le bibliste et théologien Thomas Römer a expliqué que le Pentateuque était

un peu fabriqué comme le film *Mamma Mia !* l'est autour des chansons du groupe ABBA : le scénario imagine en effet une histoire à partir de chansons qui n'avaient au départ pas de liens chronologiques ni thématiques.
La Bible peut être lue de différentes manières : comme une épopée, un mythe, le fondement d'une religion... Quoi qu'il en soit, il ne s'agit pas de prendre ce qui est écrit au pied de la lettre comme un simple récit historique, mais de voir dans ces histoires le symbole de l'amour de Dieu pour son peuple et la terre. Tout le monde sait par exemple que la terre n'a pas été créée en sept jours. Il faut lire la Bible de manière symbolique.
Mais revenons au texte. L'Ancien Testament (AT) a été presque entièrement écrit en hébreu. Vers 200 av. J.-C., il a été traduit en grec. Cette traduction s'appelle la Septante, en référence au nombre de traducteurs. Le Nouveau Testament (NT), lui, a été directement écrit en grec.
Les deux, à la fin du IVe siècle, ont été traduits en latin par saint Jérôme. Sa traduction s'appelle la Vulgate (du latin *vulgata*, rendue accessible). Cet érudit a en effet vulgarisé la Bible. C'est cette version que Gutenberg a imprimée.

La Bible est divisée en livres (généralement cités en abrégés), puis en chapitres, puis en versets. Ainsi, Ex 3, 6-8 signifie livre de l'Exode, chapitre 3, versets 6 à 8.

Les bibles protestante, orthodoxe et catholique ne contiennent pas le même nombre de livres : celle des catholiques et des orthodoxes en comporte 73 (46 pour l'AT, 27 pour le NT) ; celle des protestants en comporte 66 (39 pour l'AT, 27 pour le NT), certains livres de l'Ancien Testament ayant été rejetés, comme dans la Bible hébraïque qui ne s'appuie, elle, que sur l'Ancien Testament.

## BREF RÉSUMÉ DE L'ANCIEN ET DU NOUVEAU TESTAMENT

La Bible se compose de deux grandes parties : l'Ancien et le Nouveau Testament. Le mot testament vient d'un mot latin qui signifie alliance, celle de Dieu avec son peuple.

Commun aux juifs et aux chrétiens, l'Ancien Testament – également appelé Premier Testament – raconte l'alliance que Dieu fait avec son peuple.

Le Nouveau Testament est, pour les chrétiens, la seconde partie de la Bible. Il raconte la nouvelle alliance que Jésus fait avec la terre tout entière.

D'Adam et Ève aux apôtres de Jésus, la Bible raconte plusieurs milliers d'années de l'histoire d'un peuple : sa création, ses ancêtres, sa libération par Moïse de l'esclavage en Égypte, ses chefs, ses rois, ses héros, ses prophètes, ses guerres, ses trahisons, ses hommes et ses femmes célèbres, ses amours... C'est d'ailleurs le livre où cohabitent le plus de genres littéraires : récit, conte initiatique, thriller, polar, poème, prophétie, proverbe... Il y en a pour tous les goûts ! Voilà aussi pourquoi la Bible est le Livre par excellence, et pas seulement parce que le mot « bible » signifie les « livres » !

# COMPOSITION DE L'ANCIEN ET DU NOUVEAU TESTAMENT

On peut diviser l'Ancien Testament en quatre parties :

① Les Livres de la Loi, aussi appelés Torah ou Pentateuque. Ils sont constitués des cinq premiers livres de la Bible :
- La Genèse, qui raconte les débuts du monde et de l'alliance de Dieu avec son peuple.
- L'Exode, qui raconte la libération des Hébreux d'Égypte et le début de leur voyage dans le désert en direction de la Terre promise, sous la conduite de Moïse.
- Le Lévitique, qui définit les lois religieuses et cultuelles dont les lévites (les responsables du culte) avaient la garde.
- Les Nombres, qui contiennent le récit de la vie du peuple dans le désert.
- Le Deutéronome, qui rassemble les discours prononcés par Moïse juste avant de mourir.

② Les livres historiques. Ils retracent l'histoire du peuple d'Israël et de ceux qui l'ont dirigé depuis qu'il est arrivé en Terre promise : livres des Rois, des Chroniques...

③ Les livres des prophètes : Isaïe, Jérémie, Jonas...

④ Les livres de Sagesse : Psaumes, Ecclésiaste, Job...

On peut également diviser le Nouveau Testament en quatre parties :

① Les quatre Évangiles, qui racontent la vie de Jésus et relatent ses paroles.

② Les Actes des Apôtres, l'histoire des premiers chrétiens.

③ Les lettres ou épîtres : essentiellement écrites par Paul, elles étaient destinées aux premières communautés de chrétiens.

④ L'Apocalypse de Jean, qui annonce le retour victorieux du Christ.

## Les abréviations des livres bibliques

| ANCIEN TESTAMENT | | ANCIEN TESTAMENT (SUITE) | |
|---|---|---|---|
| Gn | Genèse | Na | Nahum |
| Ex | Exode | Ha | Habaquq |
| Lv | Lévitique | So | Sophonie |
| Nb | Nombres | Ag | Aggée |
| Dt | Deutéronome | Za | Zacharie |
| Jos | Josué | Ml | Malachie |
| Jg | Juges | | |
| Rt | Ruth | | |
| 1S, 2 S | Samuel | | |
| 1 R, 2 R | Rois | | |
| 1 Ch, 2 Ch | Chroniques | **NOUVEAU TESTAMENT** | |
| Esd | Esdras | Mt | Matthieu |
| Ne | Néhémie | Mc | Marc |
| Tb | Tobie | Lc | Luc |
| Jdt | Judith | Jn | Jean |
| Est | Esther | Ac | Actes des Apôtres |
| 1 M, 2 M | Maccabées (Martyrs d'Israël) | Rm | Romains |
| Jb | Job | 1 Co, 2 Co | Corinthiens |
| Ps | Psaumes | Ga | Galates |
| Pr | Proverbes | Ep | Éphésiens |
| Qo | Ecclésiaste (Qohelet) | Ph | Philippiens |
| Ct | Cantique | Col | Colossiens |
| Sg | Sagesse | 1 Th, 2 Th | Thessaloniciens |

| ANCIEN TESTAMENT | | NOUVEAU TESTAMENT | |
|---|---|---|---|
| Si | Ecclésiastique (Siracide) | 1 Tm, 2 Tm | Timothée |
| Is | Isaïe | Tt | Tite |
| Jr | Jérémie | Phm | Philémon |
| Lm | Lamentations | He | Hébreux |
| Ba | Baruch | Jc | Épître de Jacques |
| Ez | Ézéchiel | 1 P, 2 P | Épîtres de Pierre |
| Dn | Daniel | 1 Jn, 2 Jn, 3 Jn | Épîtres de Jean |
| Os | Osée | Jd | Épître de Jude |
| Jl | Joël | Ap | Apocalypse |
| Am | Amos | | |
| Ab | Abdias | | |
| Jon | Jonas | | |
| Mi | Michée | | |

À présent que tout est un peu plus clair, commençons par le commencement : les cinq premiers livres !

## *Jour 1*

# La Torah, ou on ne rigole pas avec la Loi

*Au commencement, Dieu créa les cieux et la terre. La terre était informe et vide : il y avait des ténèbres à la surface de l'abîme, et l'esprit de Dieu se mouvait au-dessus des eaux. Dieu dit : « Que la lumière soit ! » Et la lumière fut. Dieu vit que la lumière était bonne ; et Dieu sépara la lumière d'avec les ténèbres. Dieu appela la lumière jour, et il appela les ténèbres nuit. Ainsi, il y eut un soir, et il y eut un matin : ce fut le premier jour.* (Gn 1, 1-5.)

Les cinq premiers livres de l'Ancien Testament – La Genèse, l'Exode, le Lévitique, les Nombres et le Deutéronome – constituent la Torah, également appelée Pentateuque (les cinq rouleaux). La Torah, mot dérivé de la racine hébraïque *yrh* (enseigner) est, pour le juif, la Loi par excellence. Il doit la lire, la relire, et l'étudier.
Sa rédaction est, selon la tradition, attribuée à Moïse.

La Torah commence par la création du monde par Dieu et s'achève avec la mort de Moïse et l'entrée imminente du peuple de Dieu en Terre promise. Ce faisant, elle raconte la naissance du peuple de Dieu et l'alliance établie entre Dieu et son peuple. Elle donne également les principales lois que tout juif doit respecter.

## LA GENÈSE

Le titre du premier livre de la Bible vient du mot *genesis* qui signifie origine, commencement. En hébreu, le premier livre de la Bible porte le nom de *Beréchit* (« au commencement »), terme par lequel le texte débute.
La Genèse commence avec la création du monde par Dieu et s'achève sur la mort de Joseph (p. 37) en Égypte, où le peuple de Dieu est désormais installé.
Ce livre contient :

- l'histoire des débuts de l'univers et de la relation de Dieu avec l'homme ;
- l'histoire des patriarches (Abraham, Isaac, Jacob – voir pp. 30, 32, 34) ;
- L'histoire de Joseph, qui finit ministre de Pharaon en Égypte (p. 37).

**LES NOMS DE DIEU**

Dieu peut porter plusieurs noms, qui expriment tous sa grandeur : L'Éternel, Le Tout-Puissant, YHWH (Yahvé), Dieu… Nous avons choisi, pour plus de commodité, de l'appeler Dieu. Tout simplement.

On y trouve des épisodes très célèbres, qui ont inspiré les artistes :

- la création du monde (p. 86) ;
- le jardin d'Éden ;
- Adam et Ève (p. 26, 62) ;
- Abel et Caïn (p. 27) ;
- Noé et le déluge (p. 29) ;
- la tour de Babel (p. 90) ;
- l'histoire d'Abraham (p. 30) ;
- celle d'Ismaël et d'Isaac, ses fils (p. 32) ;
- la rivalité entre Ésaü et Jacob, les fils d'Isaac (p. 33) ;
- la vie de Joseph, le fils de Jacob.

Souvent, c'est le seul livre de la Bible qu'ait lu celui qui en possède une. Il faut bien commencer par le commencement !

**DEUX CRÉATIONS DU MONDE !**

On trouve deux récits de la création dans la Genèse. Dans le premier (Gn 1), plus « spirituel », Dieu crée le monde, puis l'homme à son image, sans autre précision : « Dieu créa l'homme à son image, il le créa à l'image de Dieu, il créa l'homme et la femme. » (Gn 1, 27.) Dans le second (Gn 2), plus « matériel », la création de l'homme et de la femme est plus détaillée : Dieu crée l'homme avec de la poussière tirée du sol et insuffle dans ses narines le souffle de vie ; la femme, elle, est créée à partir d'une côte de l'homme, ce qui n'a pas manqué de donner lieu à certaines interprétations sur la place de la femme. Dans ce second récit, Dieu fait également état d'un interdit – ne pas manger le fruit de l'arbre de la connaissance du bien et du mal – que l'homme transgresse.

→

Il ne s'agit pas d'opposer ces deux récits, différents, ou d'en choisir un, mais plutôt de les voir dans leur complexité et leur complétude. Ils ne sont d'ailleurs pas de la même époque : le second serait plus ancien.

## L'EXODE

Comme son nom l'indique, l'Exode, le deuxième livre de la Bible, raconte une sortie, un départ, celui des Hébreux d'Égypte où ils étaient esclaves, ainsi que le don des Dix Commandements. Il montre l'accomplissement de la promesse faite aux patriarches qu'ils auront une nombreuse descendance et posséderont une terre.

L'Exode commence par la liste des descendants de Jacob et s'achève par la construction du Sanctuaire demandé par Dieu à Moïse. On peut diviser le livre en trois parties :

① la libération des Hébreux d'Égypte ;

② l'alliance entre Dieu et son peuple ;

③ la construction du Sanctuaire ou Tabernacle – tente transportable abritant l'Arche d'alliance (coffre où sont enfermées les Tables de la Loi sur lesquelles sont gravés les Dix Commandements), construite selon les instructions de Dieu.

On y trouve de nombreux épisodes connus :

- le Buisson ardent (p. 94) ;
- le passage de la mer Rouge (p. 96) ;
- les Dix Plaies d'Égypte (p. 95) et l'institution de la Pâque (Pessah), une des principales fêtes du judaïsme (p. 95) ;
- le don de la manne (p. 97) ;
- les Dix Commandements (p. 98) ;
- le Veau d'or (p. 99)...

**LA LOI DU TALION**

C'est dans l'Exode qu'on trouve la première mention de la loi du talion, qui consiste à infliger à quelqu'un la même chose que ce qu'il nous a fait subir : « Mais s'il y a un accident, tu donneras vie pour vie, œil pour œil, dent pour dent, main pour main, pied pour pied, brûlure pour brûlure, blessure pour blessure, meurtrissure pour meurtrissure. » (Ex 21, 23-25.) En d'autres termes, telle faute, telle punition. La loi du talion, que l'on retrouve dans le Lévitique, a donné la formule célèbre : Œil pour œil, dent pour dent !
Dans l'évangile de Matthieu, Jésus revient sur cette loi, lui préférant le célèbre : « Si quelqu'un te frappe sur la joue droite, présente-lui aussi l'autre. » (Mt 5, 39.) À chacun de choisir !

## LE LÉVITIQUE

**LES LÉVITES**

Les lévites sont les membres de la tribu de Lévi, une des douze tribus d'Israël, à qui fut confiée la mission du culte. Lévi était un des fils de Jacob.
Les lévites, chargés au début de l'entretien du Sanctuaire, furent ensuite dévoués au service du temple de Jérusalem.

Le Lévitique est un livre difficile à lire, qui peut paraître fastidieux. C'est pourtant un livre important pour les juifs puisqu'il contient l'essentiel des lois que Dieu a données à son peuple et aux lévites. D'une certaine manière, c'est le Code pénal du judaïsme.

Dieu y parle beaucoup. Il dicte les lois sacrificielles, les interdits alimentaires, les rites d'abattage, les lois sociales et sociétales... Si beaucoup ne sont plus aujourd'hui d'actualité, ce n'est pas le cas des lois alimentaires, que les juifs pratiquants observent toujours aujourd'hui en mangeant « casher ».

**NI PORC NI LIÈVRE**
**NI FRUITS DE MER AU MENU !**

Est casher ce qui, pour un juif, est « apte » ou propre à la consommation.

Dans le Lévitique, le troisième livre de la Bible, Dieu donne la liste des animaux propres ou non à la consommation (purs et impurs) : « Voici les animaux dont vous mangerez parmi toutes les bêtes qui sont sur la terre. Vous mangerez de tout animal qui a la corne fendue, le pied fourchu, et qui rumine. Mais vous ne mangerez pas de ceux qui ruminent seulement, ou qui ont la corne fendue seulement. Ainsi, vous ne mangerez pas le chameau, qui rumine, mais qui n'a pas la corne fendue : vous le regarderez comme impur. Vous ne mangerez pas le daman*, qui rumine, mais qui n'a pas la corne fendue : vous le regarderez comme impur. Vous ne mangerez pas le lièvre, qui rumine, mais qui n'a pas la corne fendue : vous le regarderez comme impur. Vous ne mangerez pas le porc, qui a la corne fendue et le pied fourchu, mais qui ne rumine pas : vous le regarderez comme impur. Vous ne mangerez pas de leur chair, et vous ne toucherez pas leurs corps morts : vous les regarderez comme impurs. Voici les animaux dont vous mangerez parmi tous ceux qui sont dans les eaux. Vous mangerez de tous ceux qui ont

* Mammifère rongeur un peu plus gros qu'un lièvre. Il a un museau pointu, pas de queue mais une bouche pleine de petites dents, elles aussi pointues. Il a quatre doigts aux pattes avant et trois aux pattes arrière, protégés par un sabot, à l'exception d'un doigt de la patte arrière qui a la particularité de présenter une griffe.

des nageoires et des écailles, et qui sont dans les eaux, soit dans les mers, soit dans les rivières. Mais vous aurez en abomination tous ceux qui n'ont pas des nageoires et des écailles, parmi tout ce qui se meut dans les eaux et tout ce qui est vivant dans les eaux, soit dans les mers, soit dans les rivières. Vous les aurez en abomination, vous ne mangerez pas de leur chair, et vous aurez en abomination leurs corps morts. Vous aurez en abomination tous ceux qui, dans les eaux, n'ont pas des nageoires et des écailles. » (Lv 11, 1-12.)
Mais, pour manger casher, il ne suffit pas de manger un aliment autorisé. Il faut également qu'il ait été abattu et préparé selon certaines conditions. La cacherout, le code alimentaire des juifs, est complexe, et il faudrait plus de quelques lignes pour la traiter.

## LES NOMBRES

Le quatrième livre de la Bible relate la vie des Hébreux dans le désert depuis la deuxième année de l'Exode, jusqu'à la quarantième. Apeurés, les Hébreux, après la visite en Terre promise de douze éclaireurs dont deux seulement reviennent enthousiastes, manifestent leur souhait de retourner en Égypte. Furieux, Dieu décide qu'ils n'entreront pas en Terre promise. Seuls leurs descendants le feront. Voilà pourquoi la traversée du désert a duré quarante ans ! Le temps pour une génération de se renouveler. Outre la vie dans le désert, la faim, la soif, la guerre contre la tribu des Madianites, l'espionnage en Canaan, le livre des Nombres raconte l'épisode qui explique pourquoi Moïse, selon la tradition, ne put entrer en Terre promise : Moïse ayant frappé deux fois le rocher pour en faire sortir de l'eau, au lieu d'une fois comme lui avait dit Dieu, ce dernier l'accuse de ne pas croire assez en lui et lui annonce qu'il ne foulera pas la Terre promise. Cette décision vaut également pour Aaron, le frère de Moïse, qui meurt peu de temps après.

## LE DEUTÉRONOME

**LA TERRE PROMISE, C'EST COMMENT ?**

Dans le Deutéronome, on trouve une célèbre définition de la Terre promise : « Car l'Éternel, ton Dieu, va te faire entrer dans un bon pays, pays de cours d'eau, de sources et de lacs, qui jaillissent dans les vallées et dans les montagnes ; pays de froment, d'orge, de vignes, de figuiers et de grenadiers ; pays d'oliviers et de miel ; pays où tu mangeras du pain avec abondance, où tu ne manqueras de rien ; pays dont les pierres sont du fer, et des montagnes duquel tu tailleras l'airain. » (Dt 8, 7-9.) Pas mal !

Alors que le peuple est sur le point d'entrer en Terre promise, Moïse ressent le besoin de lui rappeler la Loi. Le peuple n'a en effet pas connu l'époque des Dix Commandements, survenue du temps de ses ancêtres, quarante ans plus tôt. C'est ce rappel que contient le Deutéronome (« deuxième loi »), le cinquième livre de la Bible, qui clôt la Torah. Si on y trouve des lois déjà vues dans de précédents livres, comme celle sur les interdits alimentaires, on y trouve aussi une longue liste des bénédictions et de malédictions liées à l'obéissance.

Quand il en a terminé, Moïse passe le relais à Josué, son fidèle lieutenant (p. 39), avant de gravir le mont Nebo, où Dieu lui fait voir la Terre promise. C'est là qu'il meurt, à l'âge de cent vingt ans.

### CHEMA ISRAËL

La prière du judaïsme, *Chema Israël* (« Écoute, Israël ») est composée de textes issus de la Torah. Ses premiers mots, « Écoute, Israël », et tout son premier paragraphe sont ainsi issus du Deutéronome : « Écoute, Israël ! L'Éternel, notre Dieu, est le seul Éternel. Tu aimeras l'Éternel, ton Dieu, de tout ton cœur, de toute ton âme et de toute ta force. Et ces commandements, que je te donne aujourd'hui, seront dans ton cœur. Tu les inculqueras à tes enfants, et tu en parleras quand tu seras dans ta maison, quand tu iras en voyage, quand tu te coucheras et quand tu te lèveras. Tu les attacheras comme un signe sur tes mains, et ils seront comme des fronteaux entre tes yeux. Tu les écriras sur les poteaux de ta maison et sur tes portes. » (Dt 6, 4-9.)

## Jour 2

# Des hommes incroyables

*Dieu dit : Qu'il y ait une étendue entre les eaux, et qu'elle sépare les eaux d'avec les eaux. Et Dieu fit l'étendue, et il sépara les eaux qui sont au-dessous de l'étendue d'avec les eaux qui sont au-dessus de l'étendue. Et cela fut ainsi. Dieu appela l'étendue ciel. Ainsi, il y eut un soir, et il y eut un matin : ce fut le second jour.* (Gn 1, 6-8.)

La Bible regorge d'hommes célèbres, qui sont souvent liés à des expressions de la langue française que nous utilisons fréquemment : la pomme d'Adam, pauvre comme Job, vieux comme Mathusalem, l'arche de Noé, un baiser de Judas... Découvrons les plus connus. Et surtout, ne vous attendez pas à ne trouver que des petits saints ! Les hommes de la Bible représentent tous les hommes : les jaloux comme Caïn, les justes comme Noé, les rusés comme Jacob, les sages comme Joseph, les lâches comme Pilate, les traîtres comme Judas... La panoplie est au grand complet... Commençons par les hommes de l'Ancien Testament.

# 1) DANS L'ANCIEN TESTAMENT

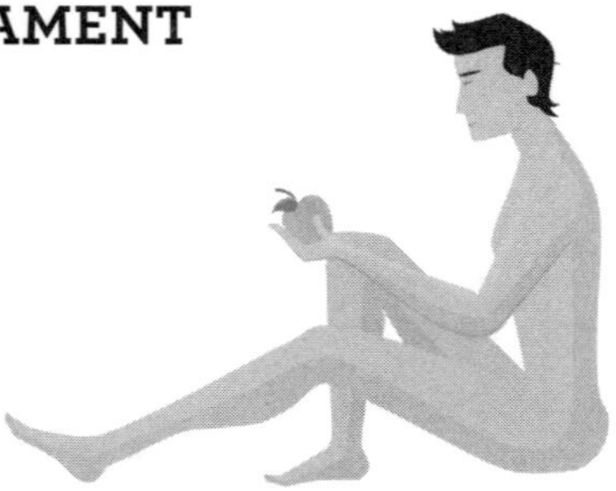

## *Adam, le premier homme*

Dieu, après avoir créé la lumière, le ciel, la mer, la terre, la végétation, les étoiles, le soleil, la lune et les animaux, crée l'homme le sixième jour. Pour cela, il prend de la poussière tirée du sol et insuffle le souffle de vie dans les narines de l'homme qu'il a façonné avec cette poussière. Adam est né. En hébreu, la langue dans laquelle a presque été entièrement écrit l'Ancien Testament, son nom signifie « celui qui vient de la terre, le terreux ». On ne peut pas être plus clair.
Dieu l'installe dans le jardin d'Éden, le Paradis, où Adam trouve tout à volonté. Dieu lui interdit seulement de manger le fruit de l'arbre de la connaissance du bien et du mal, au risque de mourir. Et pour qu'il ne soit pas seul, Dieu lui donne une compagne (voir Ève, p. 62). Sympa !
Pour avoir désobéi à Dieu en mangeant le fruit défendu, Adam sera condamné à « gagner son pain à la sueur de son front », soit à travailler pour vivre. Et toc ! Tout ça pour une pomme, dont on n'est même pas sûr que ce soit une pomme (voir Le fruit défendu, p. 87).
Adam et Ève auront plusieurs enfants, dont trois sont cités dans la Bible : Caïn et Abel (p. 27), puis Seth, moins connu que ses frères.

**VIEUX COMME…**

Adam vivra neuf cent trente ans, ce qui n'est déjà pas mal. Pourtant, ce n'est pas lui qui vivra le plus vieux. C'est… Mathusalem, le grand-père de Noé. Il mourra à neuf cent soixante-neuf ans ! C'est lui qui est à l'origine de l'expression : vieux comme Mathusalem. Après le déluge (p. 89), les hommes auront le droit de manger de la viande, sous réserve de « ne point manger de chair avec son âme, son sang » (Gn 9, 4), et vivront moins longtemps. Une relation de cause à effet ? Je vous laisse juge.

## *Caïn et Abel, les frères ennemis*

Caïn et Abel sont les deux fils qu'ont eus Adam et Ève après avoir été chassés du Paradis. Caïn est l'aîné, Abel le plus jeune. Pendant qu'Abel s'occupe du bétail, Caïn cultive le sol. Tout se passe bien jusqu'au jour où les deux frères décident de faire une offrande à Dieu. Caïn offre à l'Éternel des fruits de sa récolte et Abel les premiers-nés de son troupeau. Dieu agrée l'offrande d'Abel, mais pas celle de Caïn. Ce dernier fait grise mine, c'est le moins que l'on puisse dire. Le Seigneur le met en garde, mais Caïn, jaloux de son frère et furieux, ne comprend pas l'avertissement que lui donne Dieu. Il se jette sur son frère et le tue.
Caïn commet le premier meurtre de la Bible. Pour ce fratricide, il sera condamné à errer sur la terre. C'est à ce moment-là de l'histoire que commence le célèbre poème de Victor Hugo intitulé « La conscience ».

*Lorsque avec ses enfants vêtus de peaux de bêtes,*
*Échevelé, livide au milieu des tempêtes,*
*Caïn se fut enfui de devant Jéhovah,*
*Comme le soir tombait, l'homme sombre arriva*
*Au bas d'une montagne en une grande plaine ;*
*Sa femme fatiguée et ses fils hors d'haleine*
*Lui dirent : « Couchons-nous sur la terre, et dormons. »*
*Caïn, ne dormant pas, songeait au pied des monts.*
*Ayant levé la tête, au fond des cieux funèbres,*
*Il vit un œil, tout grand ouvert dans les ténèbres,*
*Et qui le regardait dans l'ombre fixement.*

Cet œil ne va plus cesser de poursuivre Caïn, qui tente en vain de lui échapper. Quoi que lui et sa famille fassent pour l'aider – construire un mur, une ville –, l'œil, sa conscience, celle qui lui dit qu'il a mal agi, le suit. C'est alors que, dans le poème, Caïn a une idée : il va habiter sous terre. Ainsi, plus personne ne le verra.

*Alors il dit : « Je veux habiter sous la terre*
*Comme dans son sépulcre un homme solitaire ;*
*Rien ne me verra plus, je ne verrai plus rien. »*
*On fit donc une fosse, et Caïn dit « C'est bien ! »*
*Puis il descendit seul sous cette voûte sombre.*
*Quand il se fut assis sur sa chaise dans l'ombre*
*Et qu'on eut sur son front fermé le souterrain,*
*L'œil était dans la tombe et regardait Caïn.*

Le dernier alexandrin du poème, très célèbre, montre que la honte que ressent Caïn est plus forte que tout. Sa conscience le poursuit où qu'il aille.

Dans la Bible, Dieu met un signe sur Caïn pour le protéger. Caïn aura une grande descendance, malgré sa faute. Abel, lui, symbolise la victime innocente. Pour les chrétiens, sa mort préfigure celle du Christ, autre victime innocente.

### *Noé, le second père de l'humanité*

Noé descend de Seth, le fils qu'ont eu Adam et Ève après la mort d'Abel (voir ci-dessus).
C'est un homme juste, ce qui lui vaut l'insigne honneur d'être remarqué par Dieu, qui décide de les sauver, lui et sa famille, du terrible déluge qui anéantira la terre (voir L'arche de Noé, p. 89).
Après avoir fait sortir sa famille et les animaux de l'arche, Noé offre un sacrifice à Dieu qui lui assure sa protection, ainsi qu'à toute sa descendance. Dieu promet alors de ne plus chercher à anéantir l'humanité.

**UN VERRE ÇA VA, TROIS VERRES, BONJOUR LES DÉGÂTS !**

Noé, une fois sorti de l'arche, plante une vigne. C'est le premier vigneron, mais aussi le premier ivrogne. En effet, inconscient des dangers de l'alcool, il s'enivre et s'endort, nu. Ses enfants, gênés, le recouvrent d'un manteau, qu'on appelle le manteau de Noé.

Noé est considéré comme le second père de l'humanité après Adam. C'est en effet grâce à lui que la vie continue sur terre. Il mourra à neuf cent cinquante ans. Ça conserve, l'alcool, finalement !

## *Abraham, le Père des croyants*

Appelé par Dieu, qu'il connaît à peine, Abram quitte son pays, notamment en compagnie de sa femme Saraï et de son neveu Lot, qu'on retrouvera dans l'épisode de Sodome et Gomorrhe (p. 92). Abram s'établit, à la demande de Dieu, dans le pays de Canaan. C'est là que Dieu lui donnera un nouveau nom – Abraham – qui signifie « père d'une multitude ». Dieu lui promet en effet une descendance très nombreuse. Le problème, c'est que Saraï semble stérile.

Rapidement, Abraham doit quitter le pays de Canaan, où sévit la famine. Tout le monde part en Égypte, où Pharaon tombe amoureux de Saraï, qu'Abraham fait passer pour sa sœur (voir Saraï, p. 64). Abraham et Saraï finissent par quitter l'Égypte. Peu de temps après, l'endroit où il vit devenant trop étroit pour lui, Lot et leurs hommes, Abraham prend la direction des collines arides, laissant Lot s'installer dans la plaine, où se trouvent les villes de Sodome et Gomorrhe.

Abraham n'ayant toujours pas de descendance, sa femme lui propose, comme c'était la coutume, de concevoir un enfant avec sa servante, nommée Agar. Neuf mois plus tard naît Ismaël (p. xx). Mais Dieu n'oublie pas la promesse faite à Abraham qui, un jour, voit arriver trois hommes. Aussitôt, il leur propose de se reposer pendant qu'il leur fait laver les pieds et préparer à manger. Le sens de l'hospitalité d'Abraham sera récompensé puisque les trois hommes, des anges, lui annoncent que sa très vieille femme, désormais nommée Sarah, qui n'en croit pas ses oreilles, donnera bientôt naissance à leur premier enfant. Quelque temps plus tard naît Isaac. L'épisode, souvent représenté par les peintres, est connu comme les chênes de Mambré, où a eu lieu la scène.

**LE PÈRE DES CROYANTS**

Les juifs, les chrétiens et les musulmans se considèrent comme les descendants d'Abraham. Abraham, le premier des patriarches, est donc le père des trois religions monothéistes. C'est aussi un modèle de foi, qui suit les ordres d'un Dieu qu'il connaît à peine et n'hésite pas à sacrifier son fils Isaac à la demande de Dieu, qui l'épargne au dernier moment (voir Le sacrifice d'Isaac, p. 93). Sacré Abraham !

## *Ismaël, l'exclu*

Ismaël est le fils d'Abraham et de la servante égyptienne de sa femme, Agar. Saraï a en effet demandé à son mari Abraham de s'unir à sa servante parce qu'elle se croyait stérile. Mais elle ne tarde pas à regretter son geste. Agar se met à narguer sa maîtresse qui ne se laisse pas faire. Maltraitée, Agar enceinte s'enfuit dans le désert, où l'ange de Dieu l'informe que son fils – qu'elle devra nommer Ismaël (Dieu entend) – sera à l'origine d'un grand peuple. Il lui demande également de retourner auprès d'Abraham.

Quelques années plus tard, Sarah donne naissance à un fils. Par peur que ce dernier doive tout partager avec le fils de sa servante, elle demande à Abraham de se débarrasser d'Agar. Agar et son fils sont renvoyés. Mais Dieu ne les abandonne pas. Comme il l'avait promis, il fera d'Ismaël le père d'une grande nation. Ismaël serait en effet l'ancêtre du peuple arabe. Il épousera une Égyptienne et aura douze enfants.

Les demi-frères se retrouveront pour enterrer leur père, Abraham.

## *Isaac, de victime sauvée de justesse à père floué*

Isaac est le fils qu'Abraham a eu avec sa femme Sarah, qui se croyait stérile. Son nom signifie « le rire (ou le sourire) de Dieu ». À huit jours, il est circoncis. Ce geste, fait à la demande de Dieu, est le signe du pacte que Dieu a conclu avec Abraham et sa descendance. Isaac est le demi-frère d'Ismaël. Son père est sur le point de le sacrifier, à la demande de Dieu, quand Isaac est remplacé par un bélier (voir Le sacrifice d'Isaac, p. 93).

Victime sauvée *in extremis*, il sera un père floué. Son épouse Rébecca (p. 65) va en effet aider son fils Jacob à se faire passer pour le fils aîné, Ésaü, qu'Isaac souhaite bénir avant de mourir (voir Ésaü et Jacob, ci-contre).

Personnage discret dans la Bible, Isaac est le deuxième des patriarches. Sa vie ressemble à celle de son père, Abraham : comme celle de son père, sa femme semble stérile ; comme son père, il saura faire fructifier ses biens et se défendre contre les voisins ; comme à son père, Dieu lui fera les promesses d'engendrer une grande nation.

**LES PATRIARCHES**

Les patriarches sont les chefs de famille du peuple d'Israël. Parmi eux, Abraham, Isaac et Jacob.

## *Ésaü, ou ventre affamé n'a point d'oreilles et qui va à la chasse perd sa place*

Isaac, le fils d'Abraham, a épousé Rébecca. Ensemble, ils ont eu des jumeaux : Ésaü et Jacob. Ésaü est sorti du ventre de Rébecca entièrement roux et velu, et Jacob en tenant le talon de son frère. Isaac préfère Ésaü, fort et chasseur, et Rébecca Jacob, plus calme, qui aime à demeurer auprès des tentes.

Un soir, Ésaü revient épuisé et affamé des champs. Quand il entre, il aperçoit la soupe de lentilles que Jacob vient de préparer. « Donne-la-moi, j'ai faim », lui crie-t-il. « D'accord, lui répond Jacob, mais, en échange, cède-moi ton droit d'aînesse. » Ésaü accepte... et se rue sur la soupe de lentilles qu'il avale en deux temps trois mouvements. Et voilà comment la faim fait vendre quelque chose de très précieux : le droit d'aînesse.

Cet épisode est à l'origine de l'expression « vendre son droit d'aînesse contre un plat de lentilles ».

Comme si ce n'était pas suffisant, ce droit lui sera d'une certaine manière ravi une seconde fois.
Isaac, le père d'Ésaü et Jacob, est vieux et aveugle. Il souhaite bénir son fils aîné, Ésaü, avant de mourir. Mais avant, il lui demande d'aller chasser du gibier et de lui en préparer un repas.
C'est là qu'intervient Rébecca, leur mère, qui, comme on l'a vu, a un faible pour Jacob.
Ayant entendu son mari Abraham parler à Ésaü, elle demande à Jacob de prendre dans le troupeau deux chevreaux et de les lui rapporter. Une fois qu'elle les a, elle les cuisine, avant de revêtir Jacob des habits de son frère et de lui recouvrir les mains et son cou sans poils avec les peaux des chevreaux afin qu'il ressemble à son frère. Jacob se dirige alors vers Isaac. Isaac, croyant bénir Ésaü, bénit Jacob.
Pauvre Ésaü ! Il n'a pas de chance avec la nourriture. Après avoir perdu son droit d'aînesse contre un plat de lentilles, le voilà floué avec des chevreaux... Qui va à la chasse perd sa place, pourrait-on dire, même si l'expression ne vient pas de là.
Devant la colère de son frère, Jacob prend la fuite. Quelques années plus tard, les deux frères se retrouvent. Ésaü, contrairement à ce que pense Jacob, lui a pardonné.
Bonne bête, cet Ésaü. Un peu gourmand, mais bonne bête.

### *Jacob, le rusé aux douze fils*

Après avoir été béni par son père à la place de son frère aîné, Ésaü, à qui il avait ravi son droit d'aînesse quelques années plus tôt contre un plat de lentilles, Jacob est obligé de fuir devant la colère de son frère. Ça se comprend.

En chemin, il s'arrête pour dormir. En songe, il voit une échelle couverte d'anges qui relie la terre au ciel, et entend Dieu lui dire : « Je suis l'Éternel, le Dieu d'Abraham, ton père, et le Dieu d'Isaac. La terre sur laquelle tu es couché, je la donnerai à toi et à ta postérité. Ta postérité sera comme la poussière de la terre ; tu t'étendras à l'occident et à l'orient, au septentrion et au midi ; et toutes les familles de la terre seront bénies en toi et en ta postérité. Voici, je suis avec toi, je te garderai partout où tu iras, et je te ramènerai dans ce pays ; car je ne t'abandonnerai point, que je n'aie exécuté ce que je te dis. » (Gn 28, 13-15.) En d'autres termes, Dieu lui renouvelle la promesse faite à Abraham (p. 30) et à Isaac (p. 32). Il ne lui en veut même pas d'avoir floué Ésaü. Pas rancunier, Dieu. Et chanceux, le Jacob !

Jacob reprend le chemin de la maison de son oncle Laban, le frère de sa mère. Un jour, en s'approchant d'un puits, il aperçoit Rachel, la fille de son oncle qu'il aide à faire boire son troupeau. C'est le coup de foudre.

Conduit chez son oncle, il se met à travailler pour lui. Il propose à Laban, en échange de Rachel, de travailler gratuitement pour lui sept ans. Que ne ferait-il pas pour la belle Rachel ? Mais Laban, le soir des noces, remplace Rachel par sa sœur, la morne Léa. De floueur de son frère, Jacob devient le floué de son oncle. Celui-ci se justifie en disant qu'il est d'usage de marier l'aînée avant la cadette, tout en lui promettant de lui donner Rachel contre sept autres années gratuites de travail. Et c'est reparti pour sept ans de labeur. Jacob épouse enfin Rachel, mais celle-ci semble stérile. Léa, elle, donne naissance à six fils et à une fille. Jacob a également deux fils de la servante de sa femme Rachel, que cette dernière lui a conseillé de prendre comme concubine, et deux fils de la servante de Léa. On en est donc à dix quand Rachel met enfin au monde un garçon : Joseph (voir ci-dessous).

Un jour, Jacob décide de quitter son oncle et de retourner chez lui. En chemin, la peur le saisit. Il apprend que son frère Ésaü, à qui il a volé son droit d'aînesse, marche à sa rencontre avec quatre cents hommes. Jacob prie Dieu et prépare un cadeau

pour son frère. La nuit, il lutte avec quelqu'un qu'il ne verra qu'à l'aurore. « Voyant qu'il ne pouvait le vaincre, cet homme le frappa à l'emboîture de la hanche ; et l'emboîture de la hanche de Jacob se démit pendant qu'il luttait avec lui. » (Gn 32, 25.) Au lever du jour, l'homme, qui est en fait un ange, donne à Jacob le nom d'Israël, qui signifie « lutteur de Dieu ». Les juifs, en souvenir de la lutte où Jacob a été touché au creux de la hanche, n'auront plus le droit de manger le tendon qui est à l'emboîture de la hanche. Mais, en fait, Ésaü a pardonné à son frère qu'il accueille à bras ouverts.
Quelque temps plus tard, Jacob aura la douleur de perdre Rachel pendant qu'elle donne naissance à son dernier fils : Benjamin. Lui et ses enfants finiront en Égypte, où Joseph est devenu ministre de Pharaon. Jacob, selon ses volontés, sera enterré au pays de Canaan.

**LES DOUZE TRIBUS D'ISRAËL**

Les douze tribus d'Israël portent le nom des douze fils de Jacob : Ruben, Siméon, Lévi, Juda, Issacar, Zabulon, Dan, Joseph, Benjamin, Nephthali, Gad et Aser.

## *Joseph, ou comment passer d'esclave à ministre*

Joseph est le fils qu'a eu tardivement Jacob avec sa femme favorite, Rachel, que tous croyaient stérile. C'est son préféré, ce qui aiguise la jalousie des autres fils qu'il a eus avec Léa ou des concubines. En plus, Jacob lui offre une magnifique tunique ! Et comme si ce n'était pas suffisant, Joseph fait des rêves prémonitoires qui semblent annoncer qu'il aura un grand destin ! C'en est trop ! À la première occasion, ses demi-frères se débarrassent de Joseph. Ils le jettent dans une citerne où il est récupéré par des marchands et rapportent sa tunique tachée du sang d'un bouc à leur père pour lui faire croire que Joseph a été dévoré par une bête féroce. Jacob est inconsolable.
Joseph, arrivé en Égypte avec des marchands, est acheté par Potiphar, un haut fonctionnaire de Pharaon, qui ne tarde pas à remarquer sa valeur. Joseph devient rapidement son intendant. Hélas, beau comme un dieu, il attire les regards de la femme de Potiphar qui lui fait des avances de plus en plus pressantes. Joseph résiste, mais un jour, en se débattant, il perd sa tunique. Furieuse, la femme de Potiphar se sert de cette tunique pour prétendre que Joseph a tenté de la violer. Joseph est jeté en prison. Décidément, les tuniques ne lui portent pas chance. Quant à ses rêves de grandeur, ils semblent bien loin...
En prison, le chef de la forteresse remarque à son tour l'intelligence de Joseph, qui devient son homme à tout faire. Un jour, deux prisonniers font un rêve qu'ils confient à Joseph. Selon lui, l'échanson, chargé de servir à boire à Pharaon, qui a rêvé d'un pied de vigne avec trois beaux sarments, va recouvrer les faveurs de Pharaon dans trois jours. En revanche, le panetier, chargé du pain et des mets, qui a rêvé de trois corbeilles de gâteaux, sera tué par Pharaon dans trois jours. Trois jours plus tard, les prophéties de Joseph se réalisent.

Deux ans après, c'est au tour de Pharaon de faire un rêve que personne ne peut expliquer. L'échanson, se souvenant de Joseph, en parle à Pharaon qui fait sortir Joseph de prison. Pharaon lui raconte son rêve : il a vu sept vaches maigres dévorer sept vaches grasses sans changer d'aspect, puis sept épis de blé tout maigres dévorer sept épis magnifiques. Joseph lui explique que les sept vaches maigres représentent sept années de famine. Elles suivront sept années de richesse représentées par les vaches grasses. C'est de là que vient l'expression « une période de vaches maigres ».
Joseph propose à Pharaon de faire des réserves de blé en vue des années de famine. Ce dernier lui donne carte blanche et en fait son ministre. Les rêves de grandeur de Joseph se sont enfin réalisés.

### La réconciliation

Quelques années plus tard, la famine sévissant également au pays de Canaan, les frères de Joseph, à l'exception du jeune Benjamin, se rendent en Égypte pour acheter de quoi vivre. Ils y rencontrent Joseph, qu'ils ne reconnaissent pas mais qui, lui, les reconnaît. Après avoir joué au chat et à la souris avec eux pendant quelque temps et leur avoir fait craindre le pire, Joseph leur révèle qui il est et fait venir toute sa famille. Et voilà comment les douze fils de Jacob se sont retrouvés en Égypte.
La Genèse, le premier livre de la Bible, se termine avec la mort de Joseph, qui est parfois vu comme une figure du Christ, ainsi que le chantent ces derniers vers d'un poème sur Joseph écrit par Drelincourt, un auteur et pasteur du XVIIe siècle :

*Figure du Sauveur, dans tes Combats divers,*
*Tu passes, comme Lui, de la honte à la gloire :*
*Mais Lui seul, en souffrant, a sauvé l'Univers.*

## *Josué, le conquérant*

Josué, le fidèle lieutenant de Moïse (p. 143), sera son successeur. C'est lui qui, à la mort de Moïse, conduit le peuple hébreu en Terre promise en lui faisant franchir le Jourdain. C'est aussi lui qui initie la conquête du pays de Canaan par les Hébreux. Cette conquête sera parfois violente, les Hébreux n'hésitant pas à exterminer les habitants du pays qui leur est destiné par Dieu, la Terre promise. Pourtant, tout commence « pacifiquement » puisque les Hébreux n'auront qu'à faire six jours de suite le tour de la ville de Jéricho avec l'Arche d'alliance en faisant résonner les trompettes, et sept fois le septième jour en poussant en plus des grands cris, pour que les murailles tremblent et s'effondrent. Mais, une fois la ville prise, les Hébreux massacrent tous les habitants, à l'exception d'une prostituée et de sa famille, qui les avait aidés. Après plusieurs batailles, les Hébreux réussissent à s'installer en Terre promise.
Avant de mourir, Josué donnera à chaque tribu d'Israël un territoire, à l'exception de la tribu de Lévi, dont les hommes sont chargés du culte.

**« DIEU SAUVE »**

Le sixième livre de la Bible porte le nom de Josué et raconte ses exploits : le livre de Josué. Son nom, comme celui de Jésus, signifie « Dieu sauve ». C'est en fait le « même » nom, que l'on a distingué par la suite pour éviter la confusion.

## *Samson, la force de la nature qui aimait trop les femmes*

L'histoire de Samson est racontée dans le livre des Juges, qui suit le livre de Josué.
Les Hébreux ont conquis la Terre promise, mais les Philistins leur font toujours la guerre en différents endroits.

**LES PHILISTINS**

Les Philistins vivaient près de la mer Méditerranée, au sud de la terre de Canaan, avant l'arrivée des Hébreux. Du coup, ça chauffe entre eux !

Une femme hébraïque reçoit la visite d'un ange qui lui promet un enfant si elle ne boit ni vin ni boisson fermentée et si elle ne mange rien d'impur. Ça vaut le coup, d'autant que l'enfant sera consacré à Dieu. Nul ne devra lui couper les cheveux. Neuf mois après, Samson voit le jour.
Quelques années plus tard, remarquant la beauté d'une fille des Philistins, Samson informe son père de son désir de l'épouser. Celui-ci tente de l'en dissuader, en vain. Lors du mariage, Samson propose à ses invités de résoudre une énigme. Les convives ne trouvant pas la solution, ils menacent l'épouse de Samson de représailles si elle n'obtient pas la réponse de son mari. À force de le harceler et de pleurnicher, cette dernière réussit à faire parler Samson. Quand il est amoureux, Samson fait et dit n'importe quoi, la suite le prouvera...
Furieux, Samson massacre trente hommes et, peu de temps après, s'en prend aux Philistins qui ont fait périr des membres de sa famille.

Les Philistins commencent à en avoir assez de cet Hébreu. Mais comment l'attraper ? Il est si fort ! L'occasion survient quand Samson tombe amoureux de Dalila, que les Philistins ne tardent pas à corrompre. En échange d'argent, elle doit réussir à extirper à Samson le secret de sa force. Dalila se met à questionner Samson, mais ce dernier botte en touche. Dalila continue à le harceler et, un jour, Samson, à bout de résistance, lui avoue que sa force réside dans ses cheveux. Pauvre de lui ! Aussitôt, profitant du sommeil de Samson, Dalila fait entrer des Philistins qui lui rasent la tête et lui crèvent les yeux, avant de l'emprisonner. Mais des cheveux, ça repousse, et encore plus vite quand on les a coupés très court ! Les Philistins n'y ont pas songé le jour où ils exhibent Samson enchaîné dans un temple. Ni une ni deux, ce dernier, ayant retrouvé sa force, invoque Dieu et fait s'effondrer le temple sur le peuple ennemi. Samson meurt avec les Philistins.

## *Tobie, celui qui voyage avec un ange*

Tobie est le fils de Tobith, dont un livre de l'Ancien Testament porte le nom. Tobie n'est pas un personnage très connu, mais son histoire est un joli conte initiatique. Et il aura comme compagnon de voyage le premier ange gardien de la Bible, ce qui n'est pas si mal ! Même notre Joséphine nationale de la première chaîne n'aurait pas fait mieux, c'est dire ! Mais reprenons depuis le début. Tobith est un homme pieux et fidèle qui a été déporté à Ninive. Manquant d'argent, cet homme devenu aveugle décide d'envoyer son fils Tobie réclamer une créance pour lui.

Un homme disant s'appeler Azarias l'accompagnera. C'est en fait un ange qui va le protéger et le guider durant toute sa mission. Tout d'abord, il lui conseille d'attraper un poisson qui menaçait de mordre Tobie, de l'éventrer et d'en recueillir le fiel, le cœur et

le foie. Tobie s'exécute avant de griller un morceau du poisson pour le manger, après avoir salé et gardé le reste.
Le voyage continue. Tobie rencontre Sara, qu'il épouse sur les conseils de l'ange, bien que les sept précédents maris de Sara aient été tués avant même de s'être unis à elle. Tobie, grâce au cœur et au foie du poisson, réussit le soir des noces à faire fuir le démon qui avait tué les sept autres prétendants.
De retour à Ninive, Tobie, avec le fiel du poisson qu'il étale sur les yeux de son père, lui rend la vue. Tout est bien qui finit bien. Évidemment, avoir un ange gardien avec soi, ça aide ! L'ange n'a plus qu'à retourner au ciel dans l'attente d'une autre mission !

## *Job, ou qu'est-ce que j'ai fait pour mériter ça ?*

Job est un homme riche et pieux. Il possède des brebis, des chameaux, des bœufs, des ânesses et des serviteurs à n'en plus finir. Dieu fait remarquer à Satan à quel point Job lui est fidèle, mais Satan pense que c'est justement parce que Job est comblé de bienfaits qu'il est pieux. Pour prouver que, sans ses richesses, il se détournerait de Dieu, Satan suggère à Dieu de tout enlever à Job. Dieu accepte.

En deux temps trois mouvements, Job perd tout, même ses enfants. Pourtant, il continue à bénir Dieu. Satan, avec l'accord de Dieu, décide alors de le frapper d'une terrible maladie. La femme de Job encourage son mari malade à maudire Dieu, mais Job résiste.

Trois amis viennent lui rendre visite. Pour eux, si Job subit tant de malheurs, c'est qu'il a péché contre Dieu. C'est la seule explication possible. Mais Job sait que ce n'est pas vrai. Il a la conscience tranquille.

Job se tourne vers Dieu pour comprendre. Dieu lui explique que lui seul peut tout. Job s'incline et Dieu lui rend le double de ce qu'il lui avait pris.

Voltaire s'est penché, au XVIII^e^ siècle, dans le *Dictionnaire philosophique*, sur le cas de Job, à qui il s'adresse avec l'ironie qu'on lui connait : « Je ne suis point du tout content de Satan, qui, pour t'induire au péché, et pour te faire oublier Dieu, demande la permission de t'ôter ton bien et de te donner la gale. C'est dans cet état que les hommes ont toujours recours à la Divinité : ce sont les gens heureux qui l'oublient. Satan ne connaissait pas assez le monde : il s'est formé depuis. [...] Je te prie de me dire s'il est vrai que tu vécus cent quarante ans après cette aventure. J'aime à voir que les honnêtes gens vivent longtemps, mais il faut que les hommes d'aujourd'hui soient de grands fripons, tant leur vie est courte ! »

**« PAUVRE COMME JOB »**

Happy end pour Job, dont un livre de l'Ancien Testament traitant du problème du mal porte le nom, et qui a suscité l'expression « pauvre comme Job ». Temporairement pour le Job de la Bible, ce qui n'est pas toujours le cas dans la vie…

## 2) DANS LE NOUVEAU TESTAMENT

Les hommes de l'Ancien Testament peuvent sembler à première vue plus lisses que ceux de l'Ancien Testament, mais c'est sans compter Judas le traître, Paul le persécuteur repenti, Thomas l'incrédule, Pilate le lâche et Caïphe le veule. Commençons par celui sans qui le Nouveau Testament n'aurait pas lieu d'être : Jésus.

### *Jésus, le Messie pour les chrétiens*

Jésus a vraiment existé. Son existence est attestée par l'historien juif Flavius Josèphe (vers 37-vers 100), qu'on ne peut taxer de prosélytisme. Dans les *Antiquités judaïques*, qu'il a écrites en 94, se trouve ce qu'on a appelé le *Testimonium flavianum*, longtemps mis en doute mais aujourd'hui admis, où il évoque Jésus : « En ce temps-là paraît *Jésus*, un homme sage [si toutefois il faut l'appeler un homme, car] c'était un faiseur de prodiges, un maître des gens qui recevaient avec joie la vérité. Il entraîna beaucoup de Judéens et aussi beaucoup de Grecs ; [Celui-là était le Christ.] Et quand Pilate, sur la dénonciation des premiers parmi nous, le condamna à la croix, ceux qui l'avaient aimé précédemment ne cessèrent pas. [Car il leur apparut le troisième jour, vivant à

nouveau ; les prophètes divins avaient dit ces choses et dix mille autres merveilles à son sujet.] Jusqu'à maintenant encore, le groupe des *chrétiens* [ainsi nommés après lui] n'a pas disparu*. »
L'historien romain Tacite (vers 58-vers 120), à l'occasion de l'incendie de Rome, a pour sa part écrit dans les *Annales* : « Mais aucun moyen humain, ni les largesses du prince, ni les cérémonies pour apaiser les dieux, ne faisait céder l'opinion infamante d'après laquelle l'incendie avait été ordonné [par Néron]. En conséquence, pour étouffer la rumeur, Néron produisit comme inculpés et livra aux tourments les plus raffinés des gens, détestés pour leurs turpitudes, que la foule appelait "chrétiens". Ce nom leur vient de Christ, que, sous le principat de Tibère, le procurateur Ponce Pilate avait livré au supplice. »
Il est donc avéré qu'un homme nommé Jésus a vécu sous le règne de l'empereur romain Tibère (42 av. J.-C.-37), qu'il faisait des miracles, qu'il a été condamné à mort par Ponce Pilate, le procurateur romain de Judée, crucifié, que ses disciples continuèrent à le suivre et qu'il était pour eux le Christ.

* Traduction et crochets tirés du *Christianisme, des origines à Constantin,* par Pierre Maraval et Simon Claude Mimouni. Ce qui est entre crochets est suspecté d'avoir été ajouté.

Jésus a donc bien existé. En fait, il serait né quelques années avant le début de l'ère chrétienne (vers l'an 6 av. J.-C.). Un homme né avant lui-même, on n'en rencontre pas tous les jours ! Pendant trente ans, on n'entend pas parler de lui. Simple charpentier, il mène une vie simple auprès des siens. Vers trente ans commence son ministère, qui ne durera que trois ans. Pendant ces trois années, cet excellent orateur parcourt la région, accomplissant des prodiges et délivrant son message. Sa notoriété grandissante et les paroles qu'il prononce lui valent peu à peu la haine des autorités religieuses. Arrêté, il est condamné à mort et crucifié. Après sa mort, ses disciples affirment qu'il leur est apparu. La croyance en la résurrection de Jésus se répand. Ses adeptes, les premiers chrétiens, ne vont pas tarder à être menacés et persécutés. Pour eux, Jésus est le Fils de Dieu et le Messie.

**LES NOMS DE JÉSUS**

En hébreu, la langue de la Bible, Jésus signifie « Dieu sauve ». Mais Jésus est appelé de plusieurs manières dans les Évangiles : Fils de Dieu, Fils du Très-Haut, Seigneur, Christ, Sauveur, Maître, Roi d'Israël, Fils de David... Tous ces noms montrent sa grandeur.

## *Joseph, le père d'adoption*

Joseph n'est pas n'importe qui. D'abord, il est de la lignée du roi David. Ensuite, c'est un homme juste, qui accepte de prendre pour épouse Marie, sa fiancée déjà enceinte, et qui plus est de Dieu ! Au début, il songe à la renvoyer, comme il en a le droit, mais secrètement pour ne pas lui faire du tort. Heureusement, en songe, Dieu, par la voix d'un ange, lui explique que l'enfant que porte Marie est le fils de Dieu et qu'il devra l'appeler Jésus.

Joseph accepte de devenir le père d'adoption de Jésus, ce qui n'est pas banal. Quelle famille recomposée constitue en effet celle qu'on appelle la Sainte Famille : un père d'adoption, une vierge enceinte de Dieu et le fils de Dieu !
Mais Joseph prend son rôle de papa terrestre très au sérieux. Quand l'ange lui apparaît une deuxième fois en songe, il emmène aussitôt sa petite famille en Égypte comme l'ange le lui a demandé, pour éviter que le roi Hérode ne tue Jésus. Quand l'ange lui apparaît une troisième fois et lui annonce qu'Hérode est mort, il obéit de nouveau et rentre avec Marie et Jésus. Et quand l'ange lui conseille, toujours en songe, d'aller en Galilée, il y va. Bref, c'est l'homme des songes, racontés dans l'évangile de Matthieu. Les Évangiles nous disent qu'il était charpentier et un tableau de Georges de La Tour le montre travaillant sous le regard de Jésus enfant. Joseph est souvent représenté âgé. S'il disparaît assez vite des Évangiles, après l'épisode des docteurs de la Loi, il reste un modèle de foi et d'humilité.

## *Jean Baptiste, le Précurseur qui mangeait des sauterelles*

Jean Baptiste, qui a également existé de source sûre, était au temps de Jésus un prophète très connu. L'historien juif Flavius Josèphe en parle d'ailleurs dans ses *Antiquités judaïques* : « Or, il y avait des Juifs pour penser que, si l'armée d'Hérode avait péri, c'était par la volonté divine et en juste vengeance de Jean surnommé Baptiste. En effet, Hérode l'avait fait tuer, quoique ce fût un homme de bien et qu'il excitât les Juifs à pratiquer la vertu, à être justes les uns envers les autres et pieux envers Dieu pour recevoir le baptême ; car c'est à cette condition que Dieu considérerait le baptême comme agréable, s'il servait non pour se faire pardonner certaines fautes, mais pour purifier le corps, après qu'on eut préalablement purifié l'âme par la justice. Des gens s'étaient rassemblés autour de lui, car ils étaient très exaltés en l'entendant parler. Hérode craignait qu'une telle faculté de persuader ne suscitât une révolte, la foule semblant prête à suivre en tout les conseils de cet homme. Il aima donc mieux s'emparer de lui avant que quelque trouble se fût produit à son sujet, que d'avoir à se repentir plus tard, si un mouvement avait lieu, de s'être exposé à des périls. À cause de ces soupçons d'Hérode, Jean fut envoyé à Machaero, la forteresse dont nous avons parlé plus haut, et y fut tué. Les Juifs crurent que c'était pour le venger qu'une catastrophe s'était abattue sur l'armée, Dieu voulant ainsi punir Hérode. »

Les Évangiles nous apprennent d'autres choses.
Élisabeth, la parente de Marie, est vieille et désespère d'avoir un enfant. Mais un ange annonce à son mari, le prêtre Zacharie, qu'ils auront un fils : Jean Baptiste, qui est donc le cousin de Jésus. Marie se trouvant enceinte à peu près en même temps qu'Élisabeth, les cousins ont pratiquement le même âge. Et comme bon sang ne saurait mentir, devenu adulte, Jean Baptiste se retire au désert pour prêcher. « Il disait : Repentez-vous, car le royaume des cieux est proche. [...] Jean avait un vêtement de poil de chameau, et une ceinture de cuir autour des reins. Il se nourrissait de sauterelles et de miel sauvage. Les habitants de Jérusalem, de toute la Judée et de tout le pays des environs du Jourdain, se rendaient auprès de lui ; et, confessant leurs péchés, ils se faisaient baptiser par lui dans le fleuve du Jourdain. » (Mt 3, 2-6.) Il faut savoir qu'à l'époque on mangeait régulièrement des sauterelles, qui reviennent à la mode.
Jean baptise donc dans le Jourdain les gens qu'il invite à se repentir. C'est de là que lui vient son surnom de Jean Baptiste. Quand Jésus arrive pour se faire baptiser, Jean Baptiste reconnaît en lui l'envoyé de Dieu.

Mais Jean Baptiste n'a pas la langue dans sa poche et, un jour, il se met à critiquer le roi Hérode qui a épousé sa nièce, laquelle est aussi sa belle-sœur : Hérodiade. Cette dernière, qui déteste le prophète, voudrait que son mari le tue, mais ce dernier hésite. Hélas, le jour de son anniversaire, il promet à sa belle-fille (fille du premier mariage d'Hérodiade), qui a merveilleusement dansé, de lui donner ce qu'elle voudra. Poussée par sa mère, la jeune fille réclame la tête de Jean Baptiste, qu'on lui apporte sur un plateau. C'en est fini de Jean Baptiste.

**LE PRÉCURSEUR**

Dernier des prophètes, on appelle parfois Jean Baptiste le Précurseur parce qu'il annonce directement la venue du Christ : « Moi, je vous baptise d'eau, pour vous amener à la repentance ; mais celui qui vient après moi est plus puissant que moi, et je ne suis pas digne de porter ses souliers. Lui, il vous baptisera du Saint-Esprit et de feu. Il a son van à la main ; il nettoiera son aire, et il amassera son blé dans le grenier, mais il brûlera la paille dans un feu qui ne s'éteint point. » (Mt 3, 11-12.)

## *Les douze apôtres*

**DISCIPLE OU APÔTRE ?**

Les disciples de Jésus sont les hommes et les femmes qui vivent selon son enseignement, hier comme aujourd'hui. Marie-Madeleine est ainsi disciple de Jésus tout comme un homme d'aujourd'hui peut l'être également. Parmi les disciples de Jésus, douze hommes, choisis par Jésus, ont été témoins de sa vie. Après sa mort, Jésus →

les a envoyés en mission pour transmettre son message. Ce sont les apôtres, du grec *apostolos* qui signifie « envoyé ».

Les douze apôtres de Jésus sont : André et son frère Simon-Pierre, Jacques et son frère Jean, Philippe, Barthélemy appelé parfois Nathanaël, Matthieu, Judas, Thomas, Jacques « le Mineur », Simon et Thadée, aussi appelé Jude.
Comme dans chaque groupe, certains sont plus connus que d'autres :

**André** aurait été le premier appelé. C'est le frère de Simon. Tous deux étaient pêcheurs sur le lac de Tibériade. André a connu et suivi Jean Baptiste avant de devenir le disciple de Jésus. Il apparaît peu dans les Évangiles. Quand il mourra en martyr pour sa foi, vers 60, en Grèce, il demandera, par respect pour Jésus, à être crucifié sur une croix différente de celle de Jésus, en forme de « X ». On l'appelle la « croix de Saint-André ».

**Simon**, à la différence de son frère André, joue un grand rôle dans les Évangiles. Il apparaît dans de nombreux épisodes : la Transfiguration (p. 147), la résurrection de la fille de Jaïre... Jésus le rebaptise du nom de **Pierre** et en fait le chef de son Église en disant : « Et moi, je te dis que tu es Pierre, et que sur cette pierre je bâtirai mon Église. » (Mt 16, 18.) Le tombeau de Pierre se trouve sous la basilique Saint-Pierre, à Rome, au Vatican.
Homme impétueux, il est célèbre pour avoir renié trois fois Jésus quand ce dernier a été arrêté, conformément à ce que lui avait prédit Jésus. Mais c'est aussi lui qui, le premier, voit en Jésus le Christ : « Tu es le Christ, le Fils du Dieu vivant. » (Mt 16,16.) Il se révélera à la mort de Jésus et ne cessera plus de délivrer son message. Il mourra crucifié à Rome, vers 64, sous Néron, la tête en bas, par respect pour son maître.

**Jacques** est présent dans plusieurs épisodes importants de la vie de Jésus, comme la Transfiguration (voir p. 147) et la prière au jardin des Oliviers (p. 117). C'est le frère de Jean. Jésus a surnommé les deux frères les « fils du tonnerre », c'est dire s'ils devaient avoir de la personnalité. Pour ne pas le confondre avec un autre apôtre, Jacques le Mineur, on l'appelle aussi parfois Jacques le... Majeur !
Jacques est arrêté et exécuté sur ordre du roi Hérode. Son corps aurait été transporté dans le nord de l'Espagne, à Compostelle. Chaque année, des milliers de gens font un pèlerinage pour se rendre sur sa tombe.

**Jean** est associé au « disciple que Jésus aimait » ou au « disciple bien-aimé » dont parle l'évangile qui porte son nom, l'évangile de Jean. Il est l'auteur d'un des quatre Évangiles et serait l'auteur de l'Apocalypse, le dernier livre du Nouveau Testament (p. 11, 51). Jean a rejoint Jésus alors qu'il était bien jeune, d'où peut-être cette préférence. Il est parfois représenté couché sur Jésus dans l'épisode de la Cène. Avec son frère Jacques et Pierre, il est présent à tous les moments importants de la vie de Jésus.
Sur le chemin de la crucifixion, c'est à lui que Jésus confie Marie : « Jésus, voyant sa mère, et auprès d'elle le disciple qu'il aimait, dit à sa mère : Femme, voilà ton fils. Puis il dit au disciple : Voilà ta mère. Et, dès ce moment, le disciple la prit chez lui. » (Jn 19, 26-27.) Voilà pourquoi on pense généralement que Marie le suivit à Éphèse, où il mourut.

Avant de rencontrer Jésus, **Matthieu**, aussi appelé Lévi, exerçait la profession de collecteur d'impôts, une profession méprisée par les juifs. En effet, les collecteurs d'impôts étaient au service des Romains qui occupaient le pays. Pourtant, quand Jésus lui propose de le suivre, il quitte tout.

Matthieu est l'auteur d'un des quatre Évangiles. Il aurait évangélisé l'Éthiopie, où il serait mort en martyr.

**Judas** Iscariote est celui qui a trahi Jésus pour trente pièces d'argent, une somme modeste. Pour le désigner, il l'embrasse, donnant naissance à l'expression « un baiser de Judas » et « un Judas ». Quand il se rend compte de ce qu'il a fait, il rapporte l'argent, puis se pend. Il sera remplacé par Matthias. Son geste a suscité bien des interrogations : amour de l'argent, déception de voir que Jésus n'était pas celui qui les délivrerait du joug romain ou accomplissement par son geste du destin de Jésus ?

**Thomas**, appelé « Didyme » (le jumeau), est celui qui a besoin de preuves pour croire. Il refuse en effet de croire à la résurrection de Jésus tant qu'il ne l'aura pas vu et qu'il n'aura pas touché ses plaies. Quand Jésus réapparaît en sa présence, il croit enfin en sa résurrection. Il est à l'origine de l'expression « ne croire que ce qu'on voit » et « être (incrédule) comme saint Thomas ».
Une fois convaincu, il serait allé porter la Bonne Parole jusqu'en Inde.

## *Les quatre évangélistes*

Le premier livre du Nouveau Testament est constitué des quatre Évangiles : ceux de Matthieu, Marc, Luc et Jean. Ils ont été écrits dans la seconde moitié du Ier siècle pour les chrétiens qui n'avaient pas connu Jésus. Leur but est de raconter la vie et le message de Jésus et d'annoncer la Bonne Nouvelle : Jésus, le fils de Dieu, est ressuscité. Le mot grec dont vient le mot évangile signifie d'ailleurs bonne nouvelle.

**PAROLE D'ÉVANGILE**

L'Église tient pour sacrés et authentiques les quatre Évangiles qui contiennent la parole du Christ. Une parole d'évangile est donc une parole dont on ne peut douter. Qu'on se le tienne pour dit !

- **L'évangile de Matthieu** a, selon la tradition, été rédigé par un des douze apôtres (pour sa vie, voir plus haut). Comme il a été écrit pour des chrétiens d'origine juive, il contient beaucoup de références à l'Ancien Testament. Il raconte également des événements qu'on ne trouve pas dans les autres Évangiles : la visite des mages, la fuite en Égypte, le massacre des Innocents...

**LES SYMBOLES DES QUATRE ÉVANGÉLISTES**

Traditionnellement, Matthieu est représenté sous la forme d'un homme, Marc sous celle d'un lion, Luc sous celle d'un bœuf et Jean sous celle d'un aigle.

- **L'évangile de Marc** est le plus court et celui qui a été terminé le plus tôt. Son auteur était un ami de l'apôtre Pierre, qui lui a raconté la vie de Jésus. Marc écrit pour des chrétiens qui ne sont pas forcément juifs d'origine, mais qui connaissent la vie romaine.

- **L'évangile de Luc** a été rédigé par un médecin compagnon de Paul. Il écrit pour des chrétiens qui ne sont pas d'origine juive, comme lui. Luc était en effet de culture grecque. Il est également l'auteur des Actes des Apôtres, qui racontent l'histoire des premiers chrétiens. Les deux livres sont destinés à un certain Théophile, nom qui signifie « ami de Dieu ». Son évangile contient des informations sur la naissance de Jésus, qui tendent à montrer qu'il aurait rencontré Marie, la mère de Jésus.

- **L'évangile de Jean** a été écrit selon la tradition par l'apôtre Jean (pour sa vie, voir plus haut). Jean écrit pour des chrétiens convertis de longue date. Son évangile est plus « intellectuel », plus « philosophique », plus « théologique », bref, plus « complexe ». On y trouve des épisodes qui ne sont racontés dans aucun autre évangile : les noces de Cana, le lavement des pieds...

**LES ÉVANGILES SYNOPTIQUES**

Les Évangiles de Marc, Matthieu et Luc sont dits synoptiques, car ils contiennent des éléments communs racontés dans un ordre voisin. On peut les mettre sur trois colonnes et les comparer. L'évangile de Jean est différent.

## *Caïphe, le grand prêtre jaloux et veule*

À l'époque de Jésus, le Sanhédrin est le tribunal suprême des juifs. Il est composé de religieux, présidé par un grand prêtre, Caïphe, et siège à Jérusalem.
Depuis quelque temps, Caïphe a décidé de se débarrasser de Jésus. Aux pharisiens et aux prêtres qui hésitent sur la conduite à tenir face à ce faiseur de miracles dont la popularité ne cesse de croître, il dit dans l'évangile de Jean : « Vous ne réfléchissez pas qu'il est dans votre intérêt qu'un seul homme meure pour le peuple, et que la nation entière ne périsse pas. » (Jn 11, 50.) Aussi, dès que l'occasion se présente, il le fait arrêter et comparaître. Il

lui demande alors : « Je t'adjure, par le Dieu vivant, de nous dire si tu es le Christ, le Fils de Dieu. » Jésus lui répond : « Tu l'as dit. De plus, je vous le déclare, vous verrez désormais le Fils de l'homme assis à la droite de la puissance de Dieu, et venant sur les nuées du ciel. » (Mt 26, 64.) C'en est trop. Énervé, Caïphe déchire ses vêtements, scène souvent représentée par les peintres, et dit : « Il a blasphémé ! Qu'avons-nous encore besoin de témoins ? Voici, vous venez d'entendre son blasphème. Que vous en semble ? Ils répondirent : Il mérite la mort. » (Mt 26,65-66.) Le sort de Jésus est scellé. Mais comme seul Ponce Pilate, le procurateur romain, a le pouvoir de le condamner à mort, Caïphe fait conduire Jésus chez Pilate. Cependant, Pilate a besoin d'arguments pour condamner ce Jésus, qui n'a pas l'air bien méchant. C'est alors que certains lancent l'accusation ultime : « Si tu le relâches, tu n'es pas ami de César. Quiconque se fait roi se déclare contre César. » (Jn 19, 12.) Pilate, au service de César, ne peut plus rien faire. Jésus est condamné.
Quelques années après avoir jugé Jésus, le Sanhédrin jugera les apôtres Pierre et Jean, Étienne et Paul.

## *Pilate, l'homme qui s'en lave les mains*

Pilate est, à l'époque de Jésus, le gouverneur romain de la province de Judée. Quand le Sanhédrin lui amène Jésus pour qu'il le condamne à mort, il l'interroge, mais ne voit rien de très grave à lui reprocher. Pourtant, poussé par les grands prêtres et désireux d'éviter une insurrection, il finit par le condamner. Auparavant, il propose à la foule, comme c'était la coutume lors de la Pâque, de libérer un prisonnier, Jésus ou Barabbas, un brigand. Contrairement à ce qu'il pensait, la foule, influencée par les grands prêtres et les anciens, choisit de libérer Barabbas. Pilate n'a plus le choix. Mais pour montrer qu'il n'y est pour

rien, il prend de l'eau et se lave les mains en disant : « Je suis innocent du sang de ce juste. Cela vous regarde. » (Mt 27, 24.) En d'autres termes, il s'en lave les mains, expression qui vient de là. C'est également lui qui fait poser un écriteau sur la croix où est crucifié Jésus. Sur l'écriteau est écrit *INRI*, les premières lettres de *Iesus Nazarenus Rex Iudaeorum*, qui signifie : Jésus le Nazaréen, roi des juifs.
On dit que sa femme, qui lui conseille, dans l'évangile de Matthieu, à la suite d'un songe qu'elle a fait, de ne pas condamner Jésus, devint chrétienne. Quant à Pilate, renvoyé en 36, il retourne à Rome. Pour certains, il se convertira au christianisme et mourra en martyr ; pour d'autres, il se suicidera.
Quoi qu'il en soit, il symbolise pour toujours la figure du lâche.

## *Nicodème et Joseph d'Arimathie, deux juifs qui appréciaient Jésus*

Jésus, dans les Évangiles, discute souvent, notamment lors de repas, avec des pharisiens, des juifs très pieux. Le plus souvent, il les choque, mais parfois, comme c'est le cas pour Nicodème, il les interpelle.

Une nuit, pour ne pas être vu, **Nicodème** s'approche de Jésus et lui dit : « Rabbi, nous savons que tu es un docteur venu de Dieu ; car personne ne peut faire ces miracles que tu fais, si Dieu n'est avec lui. » (Jn 3, 2.) Une autre fois, il prend la défense de Jésus face aux pharisiens : « Notre loi condamne-t-elle un homme avant qu'on l'entende et qu'on sache ce qu'il a fait ? » (Jn 7, 51.) Mais le véritable « acte de foi » de Nicodème, c'est d'avoir apporté « un mélange d'environ cent livres de myrrhe et d'aloès » pour embaumer le corps de Jésus, et de l'avoir enterré dignement avec Joseph d'Arimathie : « Ils l'enveloppèrent de bandes, avec les

aromates, comme c'est la coutume d'ensevelir chez les juifs. » (Jn 19, 40.)
Nicodème a été sanctifié par l'Église.
**Joseph d'Arimathie**, un homme riche, est un disciple de Jésus. Quand Jésus meurt, « il demande à Pilate la permission de prendre le corps de Jésus ». (Jn 19, 38.) Puis, avec l'aide de Nicomède ou sans (cela dépend des Évangiles), il le prépare et l'enterre dans un sépulcre neuf, « qu'il s'était fait tailler dans le roc (Mt 27, 60) ».

La poétesse et religieuse du XVIe siècle Anne de Marquets a chanté dans un sonnet cette mise au tombeau par les deux hommes.

*En un beau linceul blanc Joseph et Nicodème*
*Viennent ensevelir de Christ le digne corps,*
*Et d'onguents précieux l'embaument par dehors,*
*Combien qu'il donne odeur et force au baume même.*

*Puis en un tombeau neuf, que Joseph pour soi-même*
*Avait là fait bâtir, ils inhument alors*
*Celui-là seul qui peut ressusciter les morts,*
*Par son autorité et puissance suprême.*

*Or qui de tout péché désire être vainqueur,*
*Et des cieux obtenir l'heureuse récompense,*
*D'onguent de charité doit oindre le Seigneur,*

*Dont ses membres aussi ressentent l'influence :*
*L'ensevelir au drap de pure conscience,*
*Et nettement le mettre au tombeau de son cœur.*

## *Paul, de persécuteur à missionnaire*

Saül, plus connu sous le nom de Paul ou de saint Paul, est au départ un des plus farouches ennemis des premiers chrétiens. Originaire de Tarse, ce juif cultivé, qui a la nationalité romaine et parle le grec, demande un jour l'autorisation de se rendre à Damas pour en arrêter. Mais, en chemin... « Tout à coup une lumière venant du ciel resplendit autour de lui. Il tomba par terre, et il entendit une voix qui lui disait : Saül, Saül, pourquoi me persécutes-tu ? Il répondit : Qui es-tu, Seigneur ? Et le Seigneur dit : Je suis Jésus que tu persécutes. » (Ac 9, 3-5.) Cette scène, au cours de laquelle Paul perd la vue, aveuglé par cette apparition, est généralement représentée avec Paul tombant de cheval, bien que, dans les Actes des Apôtres, on ne mentionne pas son moyen de locomotion. À Damas, Saül recouvre la vue et se fait baptiser. À partir de ce moment, il devient un des plus fervents défenseurs du christianisme, même si, au début, ses anciens ennemis ont peine à croire en cette étonnante conversion. Il ne va plus cesser de parcourir la Méditerranée pour évangéliser ses habitants. L'originalité de Paul, c'est d'être allé annoncer le message de Jésus aux non-juifs, les « païens », et d'avoir pensé qu'on pouvait devenir chrétien sans avoir besoin de suivre les règles et les coutumes juives, jouant ainsi un grand rôle dans la propagation du christianisme.

Voyageur infatigable pendant plus de vingt ans, Paul ira à Antioche, Éphèse, Corinthe, Athènes... où il fondera des communautés chrétiennes. Il est également célèbre pour les lettres qu'il leur envoie afin de rester en contact avec elles et de répondre à leurs questions. Quatorze de ces lettres, qu'on appelle des « épîtres », sont rassemblées dans le Nouveau Testament, contre seulement trois de Jean, deux de Pierre, une de Jacques et une de Jude. Dans la lettre aux Galates, il écrit : « J'ai été crucifié avec Christ ; et si je vis, ce n'est plus moi qui vis, c'est Christ qui

vit en moi ; si je vis maintenant dans la chair, je vis dans la foi au Fils de Dieu, qui m'a aimé et qui s'est livré lui-même pour moi. » (Ga 2, 20.)
Cette foi à toute épreuve lui vaut d'être pourchassé et persécuté. Arrêté au Temple de Jérusalem, il est conduit à Rome, où il est en quelque sorte assigné à résidence. Il serait mort martyr vers 67, sous Néron. En raison de sa nationalité romaine, il n'aurait pas été crucifié, sort réservé aux esclaves ou aux émeutiers, mais décapité. Voilà aussi pourquoi il est souvent représenté avec une épée, dont il parle dans l'épître aux Hébreux : « Car la parole de Dieu est vivante et efficace, plus tranchante qu'une épée quelconque à deux tranchants, pénétrante jusqu'à partager âme et esprit, jointures et moelles ; elle juge les sentiments et les pensées du cœur. » (He 4, 12.) On le représente également souvent lisant ou écrivant une lettre.

## *Étienne, le premier martyr*

Étienne fait partie de la première communauté chrétienne de Jérusalem. Dans les Actes des Apôtres, qui suivent les quatre Évangiles et racontent la vie des premiers chrétiens, il est présenté comme un homme plein de foi. C'est un des diacres (mot signifiant « serviteur » en grec) que les apôtres ont désignés. Excellent orateur et faiseur de miracles, il est arrêté et jugé par le Sanhédrin, le tribunal de Jérusalem. Accusant les juifs d'avoir trahi le Messie et d'être ses meurtriers, il aggrave son cas en disant : « Voici, je vois les cieux ouverts, et le Fils de l'homme debout à la droite de Dieu. » (Ac 7, 56.) C'en est trop. Étienne est traîné hors de la ville et lapidé.
Étienne est considéré comme le premier martyr chrétien.

## *Jour 3*

# Des femmes surprenantes

*Dieu dit : Que les eaux qui sont au-dessous du ciel se rassemblent en un seul lieu, et que le sec paraisse. Et cela fut ainsi. Dieu appela le sec terre, et il appela l'amas des eaux mers. Dieu vit que cela était bon. Puis Dieu dit : Que la terre produise de la verdure, de l'herbe portant de la semence, des arbres fruitiers donnant du fruit selon leur espèce et ayant en eux leur semence sur la terre. Et cela fut ainsi. La terre produisit de la verdure, de l'herbe portant de la semence selon son espèce, et des arbres donnant du fruit et ayant en eux leur semence selon leur espèce. Dieu vit que cela était bon. Ainsi, il y eut un soir, et il y eut un matin : ce fut le troisième jour.* (Gn 1, 9-13.)

Les femmes tiennent une grande place dans la Bible, pas misogyne pour un sou. Elles ne sont en aucun cas des nunuches ou des saintes-nitouches, mais des femmes normales avec leurs qualités et leurs défauts : les faibles comme Ève, les garces comme Jézabel et Hérodiade, les intrépides comme Judith, les rusées comme Rébecca, les saintes comme Marie, les repenties comme Marie-Madeleine… La panoplie est, comme pour les hommes, au grand complet… Penchons-nous pour commencer sur les femmes de l'Ancien Testament.

## 1) DANS L'ANCIEN TESTAMENT

### *Ève, la mère de tous les vivants*

Après avoir créé Adam (p. 26), Dieu décide de lui donner une « aide semblable à lui », terme nullement péjoratif dans la Bible, contrairement à l'interprétation que certains en ont faite : la femme serait un être subalterne, inférieur… En effet, dans la Bible, le mot « aide » est utilisé plusieurs fois pour parler de Dieu par rapport à l'homme – « Tu es mon aide et mon libérateur, mon Dieu ne tarde pas (Ps 40, 17) » –, et on ne peut dire que Dieu soit inférieur à l'homme !

Pour créer cette aide, Dieu endort Adam, prend une de ses côtes, referme la chair et façonne une femme avec la côte prise à Adam. Voici « la chair de ma chair », s'exclame Adam. « On l'appellera femme (*Ishsha*) parce qu'elle a été prise de l'homme (*Ish*). » (Gn 2, 23.)

Charles Péguy, un poète mort en 1914, a chanté cette première femme dans son long poème « Ève ». En voici un quatrain :

*Et moi je vous salue ô la première femme*
*Et la plus malheureuse et la plus décevante*
*Et la plus immobile et la plus émouvante,*
*Aïeule aux longs cheveux, mère de Notre-Dame.*

Cette première femme est surtout connue pour avoir goûté le fruit de l'arbre de la connaissance du bien et du mal que Dieu avait interdit à Adam de manger, et en avoir donné à Adam. Ce serait à cause d'elle que tout serait arrivé : la mort sur terre, l'enfantement dans la douleur, l'obligation de travailler pour vivre, bref, tout ce qu'à quoi Dieu condamne le premier couple quand il le chasse du Paradis. Mais, en fait, c'est à Adam que Dieu a interdit de manger le fruit défendu. Alors ? Adam n'a-t-il pas assez expliqué à Ève les risques de succomber à la tentation ? Et pourquoi a-t-il goûté au fruit défendu dès qu'Ève lui en a donné ? Ève, qui sert un peu de bouc émissaire dans cette histoire, ne mérite pas la réputation de garce qu'on lui prête. Pourtant, c'est sur elle qu'on rejette la faute, oubliant que Dieu a donné ses directives à Adam. Mais comme elle est « la chair de sa chair »... Ève aura pourtant un grand mérite : elle est la mère de tous les vivants... Pas mal, non ?

**LA MÈRE DE TOUS LES VIVANTS**

Adam donne le nom d'Ève à la première femme après qu'ils ont mangé le fruit défendu. En hébreu, ce mot signifie « la Vivante », la mère de tous les vivants. Ève aura donc l'insigne honneur d'être l'ancêtre de tous les vivants. Pour commencer, elle donnera naissance à plusieurs enfants, dont les fameux Caïn et Abel (p. 27), et le moins connu Seth, l'ancêtre de Noé (p. 26, 64).

## *Sarah, celle qui n'y croyait plus*

Saraï – c'est son nom au départ – est la très belle femme d'Abraham, qui en est fou. Elle est si belle que, par deux fois, Abraham va la faire passer pour sa sœur de peur qu'on la convoite et qu'on le fasse périr comme mari gênant.

La première fois, c'est quand il se rend en Égypte. Et ça ne rate pas. Saraï tape dans l'œil de Pharaon, qui l'installe dans son palais. Abraham, en tant que frère de la nouvelle favorite, est traité avec tous les égards possibles : on lui offre des brebis, de l'argent... En revanche, rien ne va plus pour Pharaon, dont les serviteurs et les bêtes tombent comme des mouches. Dieu veille... Pharaon finit par comprendre que ses problèmes ont commencé avec l'arrivée de Saraï et par découvrir qu'elle n'est pas la sœur, mais la femme d'Abraham. Bon prince, il leur demande de partir en leur laissant tous les biens qu'ils ont acquis.

La seconde fois, c'est quand Abraham se rend dans la région de Gerar. Et cette fois-ci, ça ne rate pas non plus. Le roi Abimélek, obsédé par Sarah – c'est ainsi qu'elle s'appelle à présent – la fait enlever. Mais avant qu'il n'ait eu le temps de la posséder, Dieu – qui veille – lui révèle en songe que Sarah est la femme d'Abraham. Finalement content d'échapper à la honte d'avoir pris la femme

d'un autre, le roi leur demande de partir après avoir donné du bétail à Abraham et un coffre rempli d'argent à Sarah.
Mais la beauté, c'est bien connu, ne fait pas le bonheur. Et le problème de Saraï, celui qui la rend malheureuse comme les pierres, c'est qu'elle semble stérile. Se croyant incapable de donner un enfant à Abraham, elle lui demande de faire un enfant avec sa servante Agar, avant de le regretter. On l'appellera Ismaël (p. 32).
Heureusement, Dieu, qui a promis une grande descendance à Abraham, ne l'oublie pas et un jour, à un âge plus qu'avancé – quatre-vingt-dix ans ! – elle donne naissance à Isaac (p. 32).
Sarah est, avec Rébecca, la femme d'Isaac (voir ci-dessous), Rachel et Léa, les femmes de Jacob (*idem*), l'une des quatre matriarches de la Bible, les épouses des patriarches.

**DE SARAÏ À SARAH**

Au départ, Sarah s'appelle Saraï. C'est Dieu qui, après avoir changé le nom d'Abram en Abraham et lui avoir renouvelé sa promesse d'être le père d'une multitude, lui demande d'appeler désormais Saraï, Sarah (de « ma princesse » à « princesse »). Ce changement de prénom lui est profitable puisque c'est après qu'elle tombe enceinte.

## *Rébecca, la rusée*

Abraham décide un jour qu'il est temps de trouver une épouse digne de son fils, Isaac. Pour cela, il demande à un serviteur de se rendre à Haran.
Le serviteur s'en va, suivi d'une caravane de chameaux chargés de biens. Un jour, il demande à l'Éternel de l'aider à trouver la femme parfaite : ce sera celle qui acceptera de lui donner à boire

ainsi qu'à ses chameaux. C'est à ce moment-là qu'arrive une belle jeune fille, une cruche sur l'épaule. Dès que le serviteur lui demande à boire, elle le sert, puis lui propose de puiser de l'eau pour ses chameaux, comme l'a chanté la poétesse dite Gaston d'Albano au XIXe siècle :

*Qui que tu sois, ce long voyage*
*A dû fatiguer ton grand âge ;*
*Fais arrêter esclaves et chameaux,*
*Dans la prairie où paissent mes agneaux...*
*Bois un peu d'eau dans mon amphore,*
*L'eau du ciel sait guérir encore*
*Tous les maux !*

Le serviteur a rempli sa mission. Rébecca – c'est le prénom de la jeune fille – est en outre de bonne famille, ce qui ne gâte rien. Et pour couronner le tout, elle accepte aussitôt de tout quitter pour devenir la femme du fils d'Abraham.
Dès qu'elle voit Isaac, Rébecca tombe amoureuse de lui, et réciproquement. Hélas, comme Sarah, Rébecca semble stérile. Ce n'est que tardivement qu'elle tombe enceinte de jumeaux : Ésaü et Jacob (p. 66).
Femme soumise au début, prête à tout quitter pour prendre un époux qu'elle ne connaît pas, Rébecca est aussi une femme rusée et décidée qui aidera son fils préféré, Jacob, plus doux, à recevoir la bénédiction d'Isaac à la place du fils aîné, Ésaü, plus bagarreur. Il faut dire qu'Ésaü l'avait sans doute déçue en épousant des filles de Hittites, des étrangères.
Comme son père Abraham, Isaac fera passer sa femme pour sa sœur quand à la suite d'une famine, il quittera son pays. En apprenant que Rébecca attire tous les regards, il prend peur en effet qu'on cherche à le tuer si on apprend qu'il est son mari. Le roi Abimélek, tombé amoureux de Rébecca, finit par découvrir

le subterfuge. Mais il laissera Isaac et sa femme rester chez lui et s'enrichir, jusqu'à ce que la richesse d'Isaac lui fasse de l'ombre et qu'il leur demande de partir.

## *Rachel, la femme qui revient cher*

Rébecca, en conseillant à son fils Jacob de fuir devant la colère de son frère Ésaü, à qui il a ravi le droit d'aînesse, et de se réfugier chez son frère Laban, va lui permettre de rencontrer sa femme, Rachel, venue faire boire son troupeau. Rachel est en fait la fille de Laban, son frère.

Fou amoureux de Rachel, Jacob (p. 34) accepte de travailler sept ans gratuitement pour Laban pour pouvoir l'épouser, mais ce dernier le dupe en remplaçant le soir du mariage Rachel par Léa, sa fille aînée. Jacob devra redonner sept ans de sa vie pour pouvoir épouser sa chérie. Voici une femme qui revient cher !

Rachel n'hésitera pas à voler les idoles domestiques quand ils quitteront Laban, et à prétendre avoir ses règles pour que ce dernier ne la fouille pas quand il viendra chercher les idoles. La maligne !

Restée longtemps sans enfant, comme Sarah et Rebecca, Rachel donnera finalement deux fils à Jacob – Joseph (p. 37) et Benjamin. Sur le point de mourir en donnant la vie à ce dernier, elle émet le souhait de l'appeler « Ben-oni », fils de ma douleur. Mais Jacob, pour conjurer le sort, décide de l'appeler Benjamin, fils de la droite, c'est-à-dire fils du bonheur, la droite représentant le bon côté. Rachel meurt en donnant naissance au dernier des douze fils de Jacob.

**LE BENJAMIN**

Le nom commun benjamin vient du prénom du dernier fils de Rachel. Il s'utilise pour parler du plus jeune d'une famille ou d'un groupe. En sport, un benjamin appartient à la catégorie des 12-13 ans.

## *Ruth, l'étrangère*

Ruth est une Moabite. Cette étrangère a épousé l'un des fils d'Élimélek. Quand son mari meurt, Ruth choisit de suivre sa belle-mère, Noémi, elle aussi veuve, dans son pays, et d'adopter le Dieu de son mari.

Comme elles manquent d'argent, Noémi conseille à Ruth d'aller glaner dans les champs d'un parent, Booz. Touché par l'histoire de Ruth et sa foi, Booz la laisse faire. Mieux, il l'invite à partager son repas.

Quand Ruth raconte la scène à sa belle-mère, celle-ci comprend vite ce qu'elle peut en tirer. La loi du lévirat voulait en effet que, lorsqu'un homme meurt sans enfant, son frère ou son plus proche parent épouse sa veuve pour lui donner une descendance. Noémi demande donc un jour à Ruth de se faire une beauté et de rejoindre Booz, qui vanne lui-même l'orge ce soir-là. Quand il sera couché, elle devra lui découvrir les pieds, se coucher et faire ce qu'il lui dira. Ruth s'exécute.

Notre Victor Hugo national a raconté cette scène dans son poème « Booz endormi », dont voici un extrait :

*Pendant qu'il sommeillait, Ruth, une Moabite,*
*S'était couchée aux pieds de Booz, le sein nu,*
*Espérant on ne sait quel rayon inconnu,*
*Quand viendrait du réveil la lumière subite.*

*Booz ne savait point qu'une femme était là,*
*Et Ruth ne savait point ce que Dieu voulait d'elle.*
*Un frais parfum sortait des touffes d'asphodèle ;*
*Les souffles de la nuit flottaient sur Galgala.*

Au milieu de la nuit, Booz se réveille et découvre Ruth à ses côtés. Cette dernière lui demande d'étendre son manteau sur elle – ce qui signifie la demander en mariage – et fait appel au droit de rachat (la loi du lévirat). Touché, Booz accepte de l'épouser, après avoir vérifié qu'un parent plus proche qui avait un droit de rachat sur Ruth avant lui ne soit pas intéressé.
L'affaire réglée, Booz épouse Ruth, l'étrangère convertie. Leur petit-fils, Jessé, est le père du roi David. Ruth l'étrangère est donc l'arrière-grand-mère de David !

**UN HYMNE À LA TOLÉRANCE**

Un livre de la Bible est consacré à cette histoire : le livre de Ruth. Il prône la tolérance face à l'étranger qui peut, par sa foi et ses actions, faire partie, comme Ruth, du peuple élu, et même devenir l'ancêtre d'un grand roi !

## *Jézabel, la garce impie*

Jézabel est une princesse phénicienne qui a épousé Achab, roi d'Israël. Pour autant, elle n'abandonne pas le culte de Baal et d'Astarté, souvent orgiaque, ce qui déplaît fortement au prophète Élie (p. 146) qui finit par retourner le peuple contre elle et ses idoles. Jézabel a beaucoup d'influence sur son mari dont elle réussit à faire un fidèle de Baal.
À un moment, Achab a des vues sur la vigne de Naboth, qui refuse de la lui céder. La sournoise Jézabel a une idée : elle fait accuser Achab d'avoir blasphémé, ce qui lui vaut la lapidation. Ce crime ne restera pas impuni puisque, si Dieu épargne Achab, qui s'est repenti, il promet de frapper la maison de son fils. Quant à Jézabel, elle finira mangée par les chiens, après avoir été piétinée par un char. Racine a immortalisé cette scène dans sa pièce de théâtre *Athalie*, et le fameux songe d'Athalie, la fille de Jézabel :

*C'était pendant l'horreur d'une profonde nuit.*
*Ma mère Jézabel devant moi s'est montrée,*
*Comme au jour de sa mort pompeusement parée.*
*Ses malheurs n'avaient point abattu sa fierté ;*
*Même elle avait encor cet éclat emprunté*
*Dont elle eut soin de peindre et d'orner son visage,*
*Pour réparer des ans l'irréparable outrage.*
*« Tremble, m'a-t-elle dit, fille digne de moi.*
*Le cruel Dieu des Juifs l'emporte aussi sur toi.*
*Je te plains de tomber dans ses mains redoutables,*
*Ma fille. » En achevant ces mots épouvantables,*
*Son ombre vers mon lit a paru se baisser ;*
*Et moi, je lui tendais les mains pour l'embrasser.*
*Mais je n'ai plus trouvé qu'un horrible mélange*
*D'os et de chairs meurtris et traînés dans la fange,*

*Des lambeaux pleins de sang et des membres affreux*
*Que des chiens dévorants se disputaient entre eux.*

## Athalie, ou les chiens ne font pas des chats

Athalie est la digne fille de Jézabel (voir ci-dessus). À garce, garce et demie.

Athalie est si intéressante que Racine en fera au XVIIe siècle le sujet de sa dernière tragédie, *Athalie*. Impie, criminelle, cruelle, elle a en effet tout pour plaire au tragédien qui cherche à la fin de sa vie à publier – à la demande de Mme de Maintenon, l'épouse morganatique de Louis XIV – des pièces édifiantes. Le roi Louis XIV, vieux, après une vie bien remplie, s'est en effet tourné vers la religion, poussé par Mme de Maintenon, et ce genre de pièce n'est pas pour leur déplaire.

Athalie a épousé Joram, roi de Judas, qui n'est pas un modèle de sainteté. À eux deux, ils mènent rapidement le royaume dans l'abîme.

Après la mort de son mari, pour s'emparer du pouvoir et le garder, Athalie n'hésite pas à exterminer la descendance royale de la maison de Juda. Mais – Dieu veille – le petit Joas, son petit-fils, échappe au massacre. La sournoise Athalie continue ses méfaits et profane les lieux saints, torture, massacre à qui mieux mieux, attirant la malédiction de Dieu sur elle.

Pendant ce temps, Joas grandit, élevé et caché dans le Temple par un prêtre qui décide un jour de le mener au pouvoir. Le couronnement est en cours, à la grande joie du peuple, quand Athalie arrive. Le prêtre, allié aux gardes, la fait sortir. Peu après, sur le trajet qui la ramène au palais, elle est mise à mort.

Le peuple, lui, démolit le temple de Baal qu'idolâtrait la reine, et établit avec le prêtre le règne de Yahvé. Comme le dit Athalie dans la pièce de Racine,

*Dieu des Juifs, tu l'emportes !*
*Oui, c'est Joas, je cherche en vain à me tromper.*
*Je reconnais l'endroit où je le fis frapper.*
*Je vois d'Ochosias et le port, et le geste.*
*Tout me retrace enfin un sang que je déteste.*
*David, David triomphe. Achab seul est détruit.*
*Impitoyable Dieu, toi seul as tout conduit.*
*C'est toi, qui me flattant d'une vengeance aisée,*
*M'a, vingt fois en un jour, à moi-même opposée ;*
*Tantôt pour un enfant excitant mes remords,*
*Tantôt m'éblouissant de tes riches trésors,*
*Que j'ai craint de livrer aux flammes, au pillage.*
*Qu'il règne donc, ce fils, ton soin, et ton ouvrage*
*Et que, pour signaler son empire nouveau,*
*On lui fasse en mon sein enfoncer le couteau.*
*Voici ce qu'en mourant lui souhaite sa mère.*
*Que dis-je souhaiter ? Je me flatte, j'espère,*
*Qu'indocile à ton joug, fatigué de ta loi,*
*Fidèle au sang d'Achab, qu'il a reçu de moi,*
*Conforme à son aïeul, à son père semblable,*
*On verra de David l'héritier détestable*
*Abolir tes honneurs, profaner ton autel,*
*Et venger Athalie, Achab et Jézabel.*

Comme on le voit, pas de remise en cause pour Athalie qui espère un jour que le petit Joas se détournera de l'Éternel pour la venger.

## *Esther, la reine fidèle à ses racines*

L'épouse juive du roi de Perse est un modèle de piété qui inspira également Racine à la fin de sa vie. Commandée par Mme de Maintenon pour les jeunes filles de Saint-Cyr, à qui elle souhaitait inculquer de saintes valeurs, la pièce de théâtre *Esther* montre la force de la foi, tout en faisant une apologie de la tolérance religieuse. Le chœur y joue un rôle important.

Belle, la juive Esther devient l'épouse du roi de Perse sans que celui-ci se questionne sur ses origines et sa religion. Aman, le puissant Premier ministre, désireux de se débarrasser de Mardochée, l'oncle d'Esther qui refuse de se prosterner devant lui, décide d'exterminer le peuple juif. Mardochée en informe Esther en ces termes, dans la pièce de Racine :

*On doit de tous les Juifs exterminer la race.*
*Au sanguinaire Aman nous sommes tous livrés ;*
*Les glaives, les couteaux sont déjà préparés ;*
*Toute la nation à la fois est proscrite.*
*Aman, l'impie Aman, race d'Amalécite,*
*A pour ce coup funeste armé tout son crédit,*
*Et le roi, trop crédule, a signé cet édit.*
*Prévenu contre nous par cette bouche impure,*
*Il nous croit en horreur à toute la nature.*
*Ses ordres sont donnés, et dans tous ses États,*
*Le jour fatal est pris pour tant d'assassinats.*
*Cieux, éclairerez-vous cet horrible carnage ?*
*Le fer ne connaîtra ni le sexe, ni l'âge :*
*Tout doit servir de proie aux tigres, aux vautours,*
*Et ce jour effroyable arrive dans dix jours.*

Mardochée demande à sa nièce d'intercéder auprès de son époux pour éviter le génocide. Esther, après avoir passé trois jours en prière et en jeûne, et avoir demandé à tous les juifs d'en faire autant, invite le roi à dîner, une première fois avec Aman sans expliquer ce qu'elle veut, une seconde fois où elle obtient la grâce

de son peuple. Le roi, ayant d'autre part appris les hauts faits de Mardochée, oblige Aman à lui faire un triomphe.
Finalement, Aman est pendu à la place de Mardochée, qui devient Premier ministre. Grâce à Esther, le peuple juif est sauvé.

**POURIM**

La fête juive de Pourim commémore les événements racontés dans le livre d'Esther et célèbre le miracle qui a sauvé les juifs en Perse.

**LE LIVRE D'ESTHER**

Cette histoire est racontée dans le livre d'Esther, où bizarrement, il n'est pas fait mention explicitement du nom de Dieu. Dans la pièce de théâtre de Racine, en revanche, le nom de Dieu est bien présent et son évocation, chantée par le chœur, termine la pièce :
*Que son nom soit béni. Que son nom soit chanté.*
*Que l'on célèbre ses ouvrages,*
*Au-delà des temps et des âges*
*Au-delà de l'éternité.*

## *Judith, ou rien ne résiste à une femme courageuse*

Assiégés par l'armée d'Holopherne, le terrible général du roi Nabuchodonosor, les habitants de Béthulie sont sur le point de se rendre si Dieu ne leur vient pas en aide dans un délai de cinq jours, mais Judith, une veuve très pieuse et très jolie, refuse de capituler. Elle reproche aux Anciens leur décision et promet de délivrer la ville. Après leur départ, elle entame une fervente prière, puis se fait belle et s'avance vers le camp ennemi. Sous le prétexte de posséder des renseignements importants, elle se fait présenter au général Holopherne, à qui elle explique que Béthulie ne tiendra pas longtemps. Séduit par sa beauté, Holopherne l'invite quelques jours plus tard à un festin. Au cours de ce repas, rempli de désir, il s'enivre. Mal lui en prend. En effet, une fois qu'ils sont seuls, Judith se saisit d'un glaive et décapite Holopherne, comme le chante Léon-Pamphile Le May au XIXe siècle :

*La juive, sans trembler, prend le glaive farouche,*
*Et lui tranche la tête. Elle quitte la couche*
*Où l'ardente liqueur se mêle au sang vermeil.*

*Elle fuit emportant cette tête coupée.*
*La garde, qui soupçonne une folle équipée,*
*Lui sourit doucement en son demi-sommeil.*

Cette scène a souvent été représentée par les peintres.
Sur les ordres de Judith, la tête sanguinolente d'Holopherne, qu'elle a emportée en cachette, est suspendue aux murailles et une attaque surprise est organisée. Affaiblis par la mort de leur chef, les Assyriens prennent la fuite. Judith a sauvé son peuple !

**DÉBORA, UNE AUTRE FEMME INTRÉPIDE**

Débora, dont l'histoire est racontée dans le livre des Juges, est célèbre pour sa sagesse, sa bonté et ses dons de prophétie. Au nom de Dieu, elle demande au chef de guerre Baraq de partir en compagne contre les Cananéens avec dix mille hommes. Mais ce dernier refuse d'entreprendre quoi que ce soit sans elle. Débora se retrouve donc en première ligne. Le triomphe est complet. Débora entonne alors un cantique mémorable qui commence ainsi :
« Des chefs se sont mis à la tête du peuple en Israël, et le peuple s'est montré prêt à combattre : Bénissez-en l'Éternel ! Rois, écoutez ! Princes, prêtez l'oreille ! Je chanterai, oui, je chanterai à l'Éternel, je chanterai à l'Éternel, le Dieu d'Israël ! » (Jg 5, 2-3.)

## *Suzanne, un modèle de vertu*

Très pieuse, la belle Suzanne a épousé un homme riche. Quand personne n'est là, vers midi, elle se promène dans leur grand jardin.
Deux anciens qui fréquentent la maison du mari de Suzanne ont cette année-là été désignés comme juges. Ces deux vieillards, voyant Suzanne se promener, se prennent de désir lubrique pour elle. Chaque jour, ils l'épient, cachés derrière un buisson.

Un jour où il fait très chaud, Suzanne se baigne dans le jardin. Quand elle se retrouve seule, les deux vieillards se précipitent vers elle et la somment de coucher avec eux. Si elle n'accède pas à leur désir, ils prétendront l'avoir surprise avec un jeune homme. Suzanne refuse, et hurle. Les vieillards font de même, tout en ouvrant les portes du jardin que Suzanne avait fait fermer pour se baigner tranquille.

Le lendemain, Suzanne est condamnée à mort, personne ne pouvant mettre en doute la parole des deux juges. Personne sauf le jeune Daniel (p. 153), qui interroge les vieillards séparément, leur demandant sous quel arbre ils ont vu Suzanne et le jeune homme. Les deux monstres se trahissent en donnant deux noms d'arbres différents. Ils sont condamnés à mort et Suzanne retrouve son mari.
Suzanne n'est pas un personnage très connu, mais son histoire a été représentée par plusieurs peintres, dont Véronèse.

**LIVRES DEUTÉROCANONIQUES**

Les livres deutérocanoniques sont les livres écrits en grec que les Églises catholique, romaine et orthodoxe incluent dans leur Bible, mais qui ne font partie ni de la Bible hébraïque ni de la Bible protestante, qui les considère comme apocryphes bibliques. Le livre de Judith et le livre de Tobie (voir plus haut) en font notamment partie, ainsi que l'extrait du livre de Daniel racontant l'histoire de Suzanne.

## 2) DANS LE NOUVEAU TESTAMENT

Jésus n'était pas misogyne pour deux sous. Il est souvent entouré de femmes, et c'est d'ailleurs l'une d'elles, Marie-Madeleine, qui aura l'insigne honneur de le voir la première ressuscité. La première d'entre elles reste cependant Marie, la mère de Jésus. On retrouve également des femmes moins recommandables dans le Nouveau Testament, comme Hérodiade et sa fille Salomé, qui auront la tête de Jean Baptiste.

## *Marie, la nouvelle Ève*

Marie, qu'on appelle la Vierge Marie parce qu'elle a donné naissance au fils de Dieu tout en restant vierge, est un modèle de foi pour les catholiques. En effet, dès le début, cette jeune fille, originaire de Nazareth et fiancée à Joseph le charpentier, accepte en toute confiance de porter le fils de Dieu, alors que Joseph pourrait la renvoyer pour être enceinte avant le mariage, et qui plus est d'un autre !

Bien qu'elle n'apparaisse qu'une dizaine de fois dans les Évangiles, Marie est présente à tous les moments importants de la vie de Jésus : à sa naissance bien sûr, dans la crèche, en Égypte où la Sainte Famille se réfugie, lors de sa présentation au Temple, quand Jésus discute avec les docteurs de la Loi, au miracle des noces de Cana, où elle fait remarquer à Jésus qu'il n'y a plus de vin, et lors de sa crucifixion. Elle restera proche des apôtres, comme le montre le début des Actes des Apôtres : « Tous d'un commun accord persévéraient dans la prière, avec les femmes, et Marie, mère de Jésus, et avec les frères de Jésus. » (Ac 1, 14.) Voilà sans doute aussi pourquoi les peintres l'ont souvent représentée au milieu des apôtres lors de l'épisode de la Pentecôte. Confiée à Jean par Jésus au moment de sa crucifixion, elle aurait suivi Jean à Éphèse.

L'Église a déclaré qu'elle était née préservée du péché originel par une grâce exceptionnelle. C'est ce qu'on appelle l'Immaculée Conception, à ne pas confondre avec la conception virginale de Jésus. Le dogme de l'Immaculée Conception a été proclamé par Pie IX en 1854.

Marie est parfois appelée la Nouvelle Ève, celle qui n'a pas fauté. Alors qu'Ève désobéit à Dieu, entraîne Adam et participe au péché originel, Marie obéit à Dieu et participe à la venue du Christ. Corneille, au XVII$^{e}$ siècle, a d'ailleurs fait le parallèle dans un poème intitulé « Ève et Marie » dont voici le deuxième quatrain :

*L'une a toute sa race au démon asservie,*
*L'autre rompt l'esclavage où furent ses aïeux*
*Par l'une vient la mort et par l'autre la vie,*
*L'une ouvre les enfers et l'autre ouvre les cieux.*

Après sa mort, Marie aurait été élevée au ciel. C'est l'Assomption, fêtée le 15 août.

**LES PRIÈRES DE ET À MARIE**

Les premiers mots du **Je vous salue Marie**, la prière que les catholiques adressent à Marie, sont ceux prononcés par l'ange quand il vient lui annoncer qu'elle donnera naissance au fils de Dieu. Voici la prière complète :

*Je vous salue, Marie pleine de grâce.*
*Le Seigneur est avec vous.*
*Vous êtes bénie entre toutes les femmes*
*et Jésus, le fruit de vos entrailles, est béni.*
*Sainte Marie, Mère de Dieu,*
*priez pour nous pauvres pécheurs,*
*maintenant et à l'heure de notre mort.*
*Amen.* →

Le **Magnificat**, lui, est un cantique dans lequel Marie glorifie les multiples hauts faits de Dieu. Ce chant est tiré de l'évangile de Luc, qui raconte la visite de Marie à sa cousine Élisabeth, âgée et enceinte (voir la Visitation, p. 103). C'est lors de cette rencontre qu'elle entonne cette prière à la gloire de Dieu :
*Mon âme exalte le Seigneur,*
*exulte mon esprit en Dieu, mon Sauveur !*
*Il s'est penché sur son humble servante ; désormais, tous les âges me diront bienheureuse.*
*Le Puissant fit pour moi des merveilles ; Saint est son nom !*
*Son amour s'étend d'âge en âge sur ceux qui le craignent.*
*Déployant la force de son bras, il disperse les superbes.*
*Il renverse les puissants de leurs trônes, il élève les humbles.*
*Il comble de biens les affamés, renvoie les riches les mains vides.*
*Il relève Israël son serviteur, il se souvient de son amour,*
*de la promesse faite à nos pères, en faveur d'Abraham et de sa race, à jamais.*

## *Marie-Madeleine, la pécheresse au grand cœur*

Marie-Madeleine, de son vrai nom Marie de Magdala, du nom du village où elle habitait, est une femme importante dans le Nouveau Testament. Dans les Évangiles, Jésus la délivre de sept démons. Elle devient alors une de ses plus fidèles disciples. Ce serait aussi la pécheresse aux longs cheveux qui se rend, un flacon de parfum à la main, chez des pharisiens où mange Jésus. Après s'être approchée de Jésus, elle lui mouille les pieds de ses larmes, les essuie avec ses cheveux, les embrasse et verse sur eux du parfum. C'est de cet épisode que viendrait l'expression « pleurer comme une Madeleine ».

Présente lors de la crucifixion, c'est à elle que Jésus ressuscité se montrera en premier. Au début, quand elle le voit, assise en pleurs dehors près du tombeau, elle le prend pour le jardinier. Mais quand Jésus l'appelle « Marie ! », elle se retourne et le reconnaît. Cet épisode est connu sous le nom de *Noli me tangere* (« Ne me touche pas »), les paroles que lui adresse alors Jésus : « Ne me touche pas ; car je ne suis pas encore monté vers mon Père. Mais va trouver mes frères, et dis-leur que je monte vers mon Père et votre Père, vers mon Dieu et votre Dieu. » (Jn 20, 17.) Et Marie-Madeleine de partir annoncer la Bonne Nouvelle aux apôtres.

Une tradition veut que Marie-Madeleine soit venue en Gaule après l'Ascension avec d'autres femmes, et plus précisément au lieu des Saintes-Maries-de-la-Mer. Quant à la légende selon laquelle elle aurait été la compagne de Jésus, si vous voulez en savoir plus, lisez le *Da Vinci code.*

**LES VANITÉS**

Marie-Madeleine symbolise la pécheresse repentie. Les peintres la représentent souvent dans les vanités, des tableaux méditant sur le caractère éphémère de la vie et les fins dernières de l'homme. Dans celui de Georges de La Tour, elle est assise à la lueur d'une bougie, un crâne sous la main.

## *Marthe, celle qui court partout, et sa sœur Marie, celle qui sait prendre son temps*

Marthe et Marie sont les sœurs de Lazare, que Jésus ressuscitera. Marthe, l'aînée, est du genre hyperactive et Wonder Woman, alors que Marie, la cadette, est plus contemplative. Ainsi, un jour où Jésus leur rend visite, Marthe se précipite pour préparer le repas pendant que Marie, elle, s'assoit aux pieds de Jésus pour l'écouter. Agacée, Marthe demande à Jésus de dire à sa sœur de venir l'aider, mais Jésus lui répond qu'elle s'agite trop : « Marthe, Marthe, tu t'inquiètes et tu t'agites pour beaucoup de choses. Une seule chose est nécessaire. Marie a choisi la bonne part, qui ne lui sera point ôtée. » (Lc 10, 41-42.) En d'autres termes, Marie a raison de cesser toute activité pour l'écouter. Elle est la disciple idéale, celle qui laisse les choses matérielles de côté pour écouter la parole du Seigneur.

Une autre fois, pendant que Marthe sert à table, Marie verse du parfum de grande valeur sur les pieds de Jésus, ce qui énerve d'ailleurs Judas, qui trouve que c'est du gaspillage et qu'on aurait dû vendre le parfum et donner l'argent aux pauvres.

Enfin, quand Jésus arrive chez ses amis après avoir appris la mort de Lazare, Marthe se précipite vers lui pendant que Marie attend sagement à la maison, avant que Marthe ne lui dise d'aller voir Jésus.

Marthe et Marie : deux sœurs aux tempéraments opposés ; deux sortes de disciples, qui montrent leur foi de manière différente.

## *Hérodiade, la vengeance est un plat qui se mange froid*

Hérode s'est marié avec Hérodiade, sa belle-sœur, qui est aussi sa nièce. Le prophète Jean Baptiste (p. 107) ne s'est pas gêné pour critiquer cette union illégitime, ce qui lui a valu d'être emprisonné.

Hérodiade aimerait plus que tout qu'Hérode le fasse mettre à mort, mais Hérode, qui craint le prophète et aime l'écouter, refuse.

À l'occasion de l'anniversaire d'Hérode, un festin est organisé. À un moment, sa belle-fille, la fille qu'a eue Hérodiade avant son mariage avec Hérode, se lance dans une danse lascive. Fasciné par ce spectacle, Hérode lui propose à la fin de la danse de lui donner ce qui lui fera plaisir. La jeune fille – Salomé – hésite et demande l'avis de sa mère. Trop contente de cette occasion inespérée, Hérodiade lui suggère de demander la tête de Jean Baptiste, ce que fait Salomé. Hérode est ennuyé, mais il a donné sa parole. Il ordonne donc à un garde de rapporter la tête de Jean Baptiste. Quand la tête arrive, sur un plateau, Hérode la donne à Salomé, qui la donne à sa mère. Hérodiade a enfin obtenu ce qu'elle voulait. Cette scène est à l'origine de l'expression « servir sur un plateau (d'argent) » qui signifie obtenir sans effort.
Cet épisode a inspiré Flaubert qui le raconte dans *Hérodias*, un des *Trois contes* parus au XIX^e^ siècle. Au chapitre I, il fait entrer en scène Hérodias (Hérodiade) : « Une simarre de pourpre légère l'enveloppait jusqu'aux sandales. Sortie précipitamment de sa chambre, elle n'avait ni colliers ni pendants d'oreilles ; une tresse de ses cheveux noirs lui tombait sur un bras, et s'enfonçait, par le bout, dans l'intervalle de ses deux seins. Ses narines, trop remontées, palpitaient ; la joie d'un triomphe éclairait sa figure... »

## *Salomé, la danseuse influençable*

Salomé, la fille qu'a eue Hérodiade avec son premier mari, sera donc l'instrument de la vengeance de sa mère. Flaubert, toujours dans *Hérodias*, a imaginé sa danse et son entrée en scène : « Sous un voile bleuâtre lui cachant la poitrine et la tête, on distinguait les arcs de ses yeux, les calcédoines de ses oreilles, la blancheur de sa peau. Un carré de soie gorge-de-pigeon, en couvrant les épaules, tenait aux reins par une ceinture d'orfèvrerie. Ses caleçons noirs

étaient semés de mandragores, et d'une manière indolente elle faisait claquer de petites pantoufles en duvet de colibri.
« Sur le haut de l'estrade, elle retira son voile. C'était Hérodias, comme autrefois dans sa jeunesse. Puis, elle se mit à danser.
« Ses pieds passaient l'un devant l'autre, au rythme de la flûte et d'une paire de crotales. Ses bras arrondis appelaient quelqu'un, qui s'enfuyait toujours. Elle le poursuivait, plus légère qu'un papillon, comme une Psyché curieuse, comme une âme vagabonde, et semblait prête à s'envoler.
« Les sons funèbres de la gingras remplacèrent les crotales. L'accablement avait suivi l'espoir. Ses attitudes exprimaient des soupirs, et toute sa personne une telle langueur qu'on ne savait pas si elle pleurait un dieu, ou se mourait dans sa caresse. Les paupières entre-closes, elle se tordait la taille, balançait son ventre avec des ondulations de houle, faisait trembler ses deux seins, et son visage demeurait immobile, et ses pieds n'arrêtaient pas. »
Difficile en effet pour Hérode de résister à un tel spectacle... Pauvre Jean Baptiste, perdu par une danse... Un célèbre tableau de Gustave Moreau, peint au XIXe siècle et intitulé *L'Apparition*, montre la danseuse voyant apparaître la tête ensanglantée du prophète.

## Jour 4

# Quelques épisodes fameux

*Dieu dit : Qu'il y ait des luminaires dans l'étendue du ciel, pour séparer le jour d'avec la nuit ; que ce soient des signes pour marquer les époques, les jours et les années ; et qu'ils servent de luminaires dans l'étendue du ciel, pour éclairer la terre. Et cela fut ainsi. Dieu fit les deux grands luminaires, le plus grand luminaire pour présider au jour, et le plus petit luminaire pour présider à la nuit ; il fit aussi les étoiles. Dieu les plaça dans l'étendue du ciel, pour éclairer la terre, pour présider au jour et à la nuit, et pour séparer la lumière d'avec les ténèbres. Dieu vit que cela était bon. Ainsi, il y eut un soir, et il y eut un matin : ce fut le quatrième jour.* (Gn 1, 14-19.)

Combat légendaire, jugement illustre, phénomène étrange, construction délirante, miracles, songes mystérieux, naissance miraculeuse..., la Bible regorge d'épisodes fameux, souvent représentés par les peintres ou chantés par les poètes, qu'il est bon de connaître. Sans compter que ce sont des histoires passionnantes et symboliques, où Dieu se manifeste dans toute sa grandeur. Penchons-nous pour commencer sur ceux, parfois assez sanglants, de l'Ancien Testament.

## 1) DANS L'ANCIEN TESTAMENT

### *La création du monde*

Dieu a mis sept jours pour créer le monde, mais dans quel ordre s'y est-il pris ?
Le premier jour, il crée la lumière, qu'il sépare des ténèbres. C'est le fameux *Fiat lux* (Que la lumière soit) ! Bon début. Mieux vaut y voir clair.
Le deuxième jour, il crée le ciel. C'est bon d'avoir quelque chose sur la tête !
Le troisième jour, il crée la terre, les mers et la végétation. Voilà une journée productive !
Le quatrième jour, il crée le soleil, la lune et les étoiles. Bonne idée !
Le cinquième jour, il crée les animaux de la mer et du ciel. Ça se précise !
Le sixième jour, il crée les animaux de la terre et l'homme. Sans commentaire.
Et le septième jour ? Le septième jour, il se repose, satisfait de sa semaine. On le comprend.

**LE SABBAT**

En souvenir du jour où Dieu s'est reposé, les juifs arrêtent toute activité du vendredi soir au samedi soir. C'est le sabbat. Ce jour consacré au culte divin constitue une rupture avec les autres jours de la semaine.

**TOHU-BOHU**

Ce terme, qui vient de l'hébreu *tohou vabohou*, est utilisé pour décrire l'état de la terre avant que Dieu ne se mette au travail. Il a été traduit par « terre informe et vide » : « La terre était informe et vide : il y avait des ténèbres à la surface de l'abîme, et l'esprit de Dieu se mouvait au-dessus des eaux. » (Gn 1, 2.) Puis, le mot, qui exprime le chaos, a signifié désordre, confusion et agitation.

## *Le fruit défendu*

Dieu a installé l'homme dans le jardin d'Éden, le paradis. Il lui a seulement interdit de manger le fruit de l'arbre de la connaissance du bien et du mal, car, sinon, l'homme mourra. Puis, afin que l'homme ne soit pas seul, il lui a donné une compagne, Ève (p. 62). Tout semble pour le mieux dans le meilleur des mondes. C'est sans compter ce satané serpent, qui insinue le doute dans l'esprit d'Ève : « Vous ne mourrez point ; mais Dieu sait que, le jour où vous en mangerez, vos yeux s'ouvriront, et que vous serez comme des dieux, connaissant le bien et le mal. » (Gn 3, 4-5.) Il n'en faut pas plus pour qu'Ève mange le fruit et en donne à Adam. Le fruit aurait eu, selon une légende, quelque mal à passer. Il

serait resté en travers de la gorge d'Adam, donnant naissance à la pomme d'Adam qui se trouve au milieu du cou.
Revenons-en à la Bible. Que se passe-t-il au moment où les deux compères, après avoir mangé le fruit défendu, découvrent le bien et le mal ? Eh bien, ils s'aperçoivent qu'ils sont nus et en éprouvent de la gêne... Rapidement, ils se vêtent de pagnes faits à partir de feuilles de figuier.
Quand Dieu s'aperçoit qu'ils ont désobéi et commis ce qu'on appelle le péché originel, il condamne le serpent, après l'avoir maudit, à ramper et à manger de la poussière, la femme à enfanter dans la douleur et l'homme à gagner son pain à la sueur de son front. Et il chasse Adam et Ève du paradis. Tout ça pour un fruit ! Et, d'ailleurs, de quel fruit s'agit-il ?

**UNE POMME ?**

La Bible ne précise pas de quel fruit il s'agit. Mais comme le mot latin *pomum*, qui désignait tous les fruits à pépins, a donné pomme, on a pris l'habitude de penser que le fruit défendu était une pomme, comme les peintres l'ont généralement représenté. Mais ce n'est pas certain. Pourquoi pas une poire, une figue ou une grenade ?

## *L'arche de Noé*

Dieu, déçu par les hommes qui font n'importe quoi, décide de les anéantir. Seul Noé, un homme juste, trouve grâce à ses yeux. En prévision des trombes d'eau qu'il a prévu de faire tomber sur terre pendant quarante jours et quarante nuits, il lui demande de construire, une arche, une sorte de grand bateau. Et Dieu, en bon architecte qu'il est – n'a-t-il pas déjà créé le monde ! – lui donne des instructions très précises : l'arche devra être en bois résineux, enduite de bitume à l'intérieur et à l'extérieur, mesurer 300 coudées (150 m) environ de long, 50 de large et 30 de hauteur, avoir un toit et trois étages. On ne peut donner un cahier des charges plus clair ! De plus, Noé devra faire entrer dans l'arche un couple de chaque animal, qui se reproduira quand le déluge sera fini. Noé s'exécute. Tout le monde est à peine entré dans l'arche que des pluies diluviennes s'abattent sur la terre. Seuls ceux qui sont dans l'arche survivent.

Plusieurs mois plus tard, l'eau ayant cessé de tomber depuis un moment, Noé décide de savoir si la terre est sèche. Avec tous ces animaux à disposition, pas de problème ! Il lâche un corbeau, puis une colombe, qui, après avoir volé, revient dans l'arche. Elle n'a pas trouvé où se poser, ce qui signifie que la terre n'est pas sèche. Un peu plus tard, Noé recommence. La colombe, après avoir volé, revient avec un rameau d'olivier dans le bec, ce qui veut dire que la végétation pousse. La troisième fois, la colombe ne revient pas. La terre est sèche. Noé fait sortir tout son petit monde de l'arche. La vie peut reprendre.

**L'ARC-EN-CIEL SELON LA BIBLE**

Une fois sorti de l'arche, Noé offre un sacrifice à Dieu qui lui promet sa protection. Il ne cherchera plus à anéantir les hommes. Cette nouvelle alliance entre Dieu et les hommes est symbolisée par l'arc-en-ciel, que Dieu dessine dans le ciel. Quand il apparaîtra, Dieu se souviendra de son alliance.

## *La tour de Babel*

À cette époque, tous les hommes de la Bible parlent la même langue. Un jour, ils s'installent dans une plaine et décident de bâtir une ville et une tour dont le sommet touche le ciel.
Quelque temps plus tard, Dieu descend voir le chantier. Voyant le rêve de grandeur des hommes et leur obsession à atteindre le ciel, il décide de brouiller leur langue pour qu'ils ne se comprennent plus. Les hommes, abandonnant leur projet, partent dans plusieurs directions. Désormais, ils parlent des langues différentes.
Si la tour, laissée à l'abandon, s'appelle Babel, c'est parce que ce mot signifie « brouiller, méli-mélo » en hébreu. Babel est aussi le nom hébreu de Babylone, une ville de Mésopotamie qui tentait d'imposer sa culture à tous les autres peuples.

Et aux petits malins tentés de dire que ce n'est pas parce qu'on ne parle pas la même langue qu'on ne peut pas construire quelque chose à plusieurs – ce qui est vrai –, voici un bel exemple du sens symbolique des épisodes bibliques, à ne pas toujours prendre au pied de la lettre : en brouillant la langue des hommes et en les dispersant sur la surface de la terre, Dieu encourage la différence et la diversité.

**DES ZIGGOURATS**

La tour de Babel fait penser aux monuments religieux qu'on trouvait à Babylone : des ziggourats. En forme de pyramide à étages, ils étaient surmontés d'un sanctuaire.

## *Sodome et Gomorrhe*

Dieu a décidé de punir Sodome et Gomorrhe, deux villes réputées pour leurs mœurs plus que dissolues. Abraham a intercédé auprès de Dieu pour qu'il ne mette pas ses projets à exécution s'il trouve dix justes dans Sodome. C'est bien, finalement, un Dieu avec lequel on peut négocier !
Quand les deux anges envoyés par Dieu arrivent à Sodome, ils tombent sur Lot, le neveu d'Abraham, qui leur offre l'hospitalité. Ils commencent par refuser, avant d'accepter et de dîner avec lui. Le soir, les habitants de Sodome demandent à Lot de faire sortir les deux anges, « pour que nous les connaissions » (Gn 19, 5), ce qui signifie qu'ils ont pour projet de coucher avec eux. Lot, voulant protéger les envoyés de Dieu, propose en échange aux habitants ses deux filles, mais ces derniers refusent. Ils sont sur le point d'enfoncer la porte pour entrer quand les anges les aveuglent. Cette fois, le sort de Sodome et Gomorrhe est scellé. Les villes seront détruites. Les anges en avertissent Lot et lui enjoignent de fuir avec toute sa famille.
Quand Lot, sa femme et ses deux filles sont sur le point de partir, les deux anges leur demandent de ne pas se retourner et de ne pas regarder en arrière. C'est mal connaître la terrible curiosité féminine : en entendant une pluie de soufre et de feu tomber sur Sodome et Gomorrhe, la femme de Lot tourne la tête... et se transforme aussitôt en statue de sel. Fallait pas désobéir ! C'est de là que vient l'expression « être changé en statue de sel ».

**SOUS LA PLUME DE MARCEL PROUST**

Un des volumes d'*À la recherche du temps perdu* de Marcel Proust porte le nom des deux villes bibliques : *Sodome et Gomorrhe*. Dans le livre, Sodome – qui a donné le terme sodomiser – fait référence à l'homosexualité du baron de Charlus, et Gomorrhe – qui a donné l'adjectif gomorrhéen (relevant de l'homosexualité féminine) – aux préférences sexuelles supposées d'Albertine.

## *Le sacrifice d'Isaac*

Dieu a décidé de mettre la foi d'Abraham à l'épreuve. Un jour, il lui demande de lui offrir en holocauste son fils Isaac, qu'il a eu tant de mal à avoir. Abraham, fidèle à sa foi en Dieu, prend la direction de la montagne avec son fils. Arrivé au sommet de la montagne, il ligote son fils et le met sur le bûcher. Il est sur le point de l'immoler quand un ange l'interpelle : « N'avance pas ta main sur l'enfant, et ne lui fais rien ; car je sais maintenant que tu crains Dieu, et que tu ne m'as pas refusé ton fils, ton unique. » (Gn 22, 12.) C'est alors qu'Abraham aperçoit derrière lui un bélier retenu dans un buisson par les cornes. Il le prend et le sacrifie à la place d'Isaac. Ouf !

L'ange de l'Éternel s'adresse alors une seconde fois à Abraham : « Je le jure par moi-même, parole de l'Éternel ! Parce que tu as fait cela, et que tu n'as pas refusé ton fils, ton unique, je te bénirai et je multiplierai ta postérité, comme les étoiles du ciel et comme le sable qui est sur le bord de la mer. » (Gn 22, 16-17.) En d'autres termes, Dieu lui renouvelle la promesse d'une grande descendance, qu'il lui a déjà faite.

Abraham, en acceptant le sacrifice demandé par Dieu, a fait preuve d'une confiance absolue. Il est d'ailleurs considéré comme un modèle de foi.
Dieu, lui, montre ici qu'il refuse les sacrifices humains.

## *Le Buisson ardent*

Moïse, qui a tué un Égyptien, a fui dans le désert. Un jour qu'il fait paître le troupeau de son beau-père, il est témoin d'un drôle de spectacle : un buisson flambe, mais ne se consume pas. En approchant, il entend une voix l'appeler et lui dire : « Je suis le Dieu de ton père, le Dieu d'Abraham, le Dieu d'Isaac et le Dieu de Jacob. [...] J'ai vu la souffrance de mon peuple qui est en Égypte, et j'ai entendu les cris que lui font pousser ses oppresseurs, car je connais ses douleurs. Je suis descendu pour le délivrer de la main des Égyptiens, et pour le faire monter de ce pays dans un bon et vaste pays, dans un pays où coulent le lait et le miel, dans les lieux qu'habitent les Cananéens, les Héthiens, les Amoréens, les Phéréziens, les Héviens et les Jébusiens. [...] Maintenant, va, je t'enverrai auprès de Pharaon, et tu feras sortir d'Égypte mon peuple, les enfants d'Israël. » (Ex 3, 6-10.)
Moïse n'est pas très chaud pour relever le défi. Élevé à la cour de Pharaon, il est bien placé pour connaître la puissance et l'obstination de ce dernier. Il donne à Dieu tous les arguments possibles et imaginables pour ne pas y aller, mais Dieu les balaie d'un revers de manche : tout ira bien puisque lui, Dieu, sera toujours avec lui. Dieu va jusqu'à transformer le bâton que tient Moïse en bâton magique. Pour finir de convaincre Moïse, qui se trouve peu éloquent pour cette mission, il lui conseille même d'utiliser son frère Aaron, resté en Égypte, qui a la parole facile. Et sur ce, fini de discuter. Moïse n'a plus qu'à obéir.

## *Les Dix Plaies d'Égypte*

Dieu a décidé de libérer son peuple esclave en Égypte et de le conduire en Terre promise. Il a chargé Moïse de cette mission. Pour cela, par la volonté de Dieu, dix fléaux vont s'abattre sur l'Égypte.

Tout d'abord, les eaux du Nil vont être changées en sang. Ensuite, une invasion de grenouilles, puis de moustiques et enfin de vermine survient, mais Pharaon refuse toujours de libérer les Hébreux. Tout le bétail est alors infecté par la peste. Pharaon ne voulant pas céder, Moïse fait apparaître des pustules, la grêle, puis une invasion de sauterelles. Toujours rien. Avec l'aide de Dieu, il couvre de ténèbres tout le pays. Mais Pharaon ne cède toujours pas. Employant les grands moyens, Dieu décide de tuer les enfants premiers-nés du pays. Souhaitant bien évidemment épargner ceux de son peuple, il demande aux Hébreux de sacrifier un agneau ou un chevreau et de badigeonner avec son sang la porte de leur maison, de le manger rôti au feu avec des herbes amères et du pain sans levain – les Hébreux, dans leur hâte, n'ayant pas le temps de faire lever la pâte – et de ne pas laisser de restes. Le soir, Dieu frappe les maisons des Égyptiens, qui n'ont pas de sang sur les portes. Le fils de Pharaon meurt. Pharaon accepte enfin de libérer les Hébreux.

Ces fléaux dont Dieu accable l'Égypte s'appellent les Dix Plaies d'Égypte.

**LA PÂQUE**

À Pessah, la Pâque juive, une des fêtes les plus importantes du judaïsme, les juifs revivent la libération du peuple hébreu, ce passage de l'esclavage à la liberté.

## *La mer Rouge*

Les Hébreux ont à peine quitté l'Égypte, où ils étaient esclaves, que Pharaon regrette de les avoir laissés partir. Oubliant la force de leur Dieu, qui a provoqué les Dix Plaies sur l'Égypte, il se lance à leur poursuite, suivi par pas moins de six cents chars ! Les Hébreux sont à cet instant près de la mer Rouge. Voyant arriver les troupes de Pharaon, ils prennent peur – et on les comprend. C'est alors que Moïse brandit son bâton devant la mer, qui s'ouvre, offrant aux Hébreux une route de sable pour traverser à sec. Théophile Gautier, un auteur du XIXe siècle, a merveilleusement décrit cette scène dans *Le Roman de la momie* :
« Mosché étendit son bâton sur la mer après avoir invoqué l'Éternel ; et alors eut lieu un prodige que nul hiéroglyphite n'eût pu contrefaire. Il se leva un vent d'orient d'une violence extraordinaire, qui creusa l'eau de la mer des Algues comme le soc d'une charrue gigantesque, rejetant à droite et à gauche des montagnes salées couronnées de crêtes d'écume.
« Séparées par l'impétuosité de ce souffle irrésistible qui eût balayé les Pyramides comme des grains de poussière, les eaux se dressaient en murailles liquides et laissaient libre entre elles un large chemin où l'on pouvait passer à pied sec ; à travers leur transparence, comme derrière un verre épais, on voyait les monstres marins se tordre, épouvantés d'être surpris par le jour dans les mystères de l'abîme.
« Les tribus se précipitèrent par cette issue miraculeuse ; torrent humain coulant à travers deux rives escarpées d'eau verte. L'innombrable fourmilière tachait de deux millions de points noirs le fond livide du gouffre, et imprimait ses pieds sur la vase que raye seul le ventre des léviathans. Et le vent terrible soufflait toujours, passant par-dessus la tête des Hébreux qu'il eût couchés comme des épis, et retenant par sa pression les vagues

amoncelées et rugissantes. C'était la respiration de l'Éternel qui séparait en deux la mer ! »
Peu de temps après, une fois les Hébreux passés, la mer se referme sur les Égyptiens, les engloutissant… Cette fois, ils n'oublieront pas le Dieu d'Israël…

## *La manne*

Les Hébreux, désormais libres, sont dans le désert depuis quelque temps, en direction de la Terre promise. Les provisions qu'ils avaient emportées étant épuisées, ils commencent à avoir faim. Moïse en parle à Dieu qui décide de faire tomber du ciel chaque jour – à l'exception du jour du sabbat (les Hébreux auront double ration la veille) – « quelque chose de menu comme des grains » (Ex 16, 14). Le lendemain, les Hébreux, en découvrant la fine croûte qui recouvre le sol, s'écrient : « *Mann hou* ? (Qu'est-ce que cela ?) » Les mots *mann hou* ont donné le nom « manne » qui désigne aujourd'hui un avantage inespéré, pas forcément de la nourriture.

**PARLONS GOÛT**

La manne, qu'on appelle aussi le « pain des anges » aurait ressemblé à de la graine de coriandre et eu le goût d'une galette au miel. Pas mal !

## *Les Dix Commandements*

Moïse a libéré les Hébreux du joug de Pharaon. Tout le monde quitte l'Égypte. Quelques mois plus tard, le peuple de Dieu arrive devant le désert du Sinaï.
À l'appel de Dieu, Moïse gravit le mont Sinaï, où Dieu s'adresse à lui :

*Je suis le Seigneur ton Dieu, qui t'ai fait sortir du pays d'Égypte, de la maison d'esclavage.*
*Tu n'auras pas d'autres dieux que moi.*
*Tu ne te fabriqueras pas d'idole.*
*Tu n'invoqueras pas en vain le nom du Seigneur.*
*Tu respecteras le jour du sabbat.*
*Tu honoreras ton père et ta mère.*
*Tu ne tueras pas.*
*Tu ne commettras pas d'adultère.*
*Tu ne voleras pas.*
*Tu ne feras pas de faux témoignages contre ton prochain.*
*Tu ne convoiteras pas quelque chose qui appartient à ton prochain.*

Ces règles, au nombre de dix, s'appellent les Dix Commandements. Chaque Hébreu est tenu de les respecter.

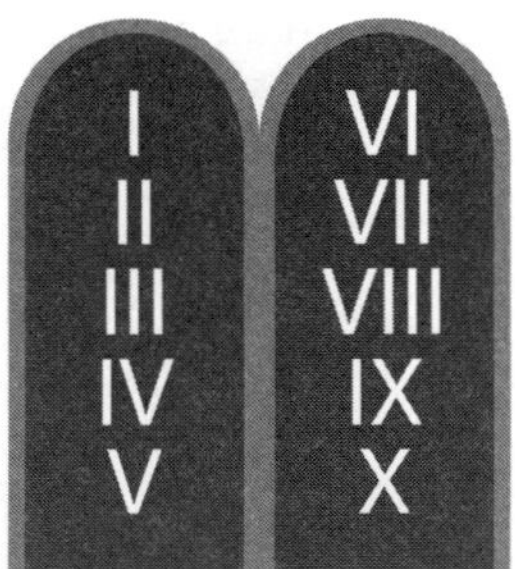

LES TABLES DE LA LOI ET L'ARCHE D'ALLIANCE

Ces Dix Commandements sont gravés sur des tablettes de pierre qu'on appelle les Tables de la Loi. Dieu demandera également à Moïse de construire un coffre pour les abriter : l'Arche d'alliance.

## *Le Veau d'or*

Moïse, appelé auprès de Dieu, a confié le peuple hébreu à son frère Aaron. Au début, tout se passe bien, mais, rapidement, la situation dégénère. Moïse va-t-il revenir ? Et quand ? Les Hébreux se tournent vers Aaron et le pressent de leur faire « un dieu qui marche devant [eux] » (Ex 32, 1). Aaron tente de gagner du temps en leur demandant de lui donner l'or qu'ils possèdent, mais les Hébreux lui confient aussitôt les bijoux en or des femmes. Aaron fabrique avec ces bijoux un veau en métal fondu : le fameux Veau d'or. Ni une ni deux, ayant déjà oublié le Dieu d'Israël, les Hébreux adorent leur nouvelle idole. Un dieu qu'on peut voir et toucher, c'est bien mieux ! On peut manger et danser autour de lui, ce qu'ils s'empressent de faire.
Dieu, furieux, annonce la nouvelle à Moïse, qui redescend de la montagne. Quand il voit le Veau d'or, son sang ne fait qu'un tour. De colère, il brise les Tables de la Loi qu'il portait avec lui, où sont écrits les Dix Commandements, et brûle le Veau. Comme le dit l'un des Dix Commandements : tu n'auras pas d'autres dieux que moi.

## *David contre Goliath*

Les Philistins sont en guerre contre les Hébreux. Un jour, leur champion, Goliath, propose aux Hébreux de se battre en combat singulier contre lui : celui qui gagnera offrira la victoire à son clan. Sur le papier, la proposition est intéressante, mais elle l'est moins quand on sait que Goliath mesure près de trois mètres, qu'il porte un casque d'airain, une lourde cuirasse à écailles, une armure aux jambes et une lourde lance. On comprend mieux pourquoi aucun Hébreu ne relève le défi.

Un jour, Jessé envoie son fils, le jeune berger David, apporter des vivres à ses frères qui se battent contre les Philistins. Quand David arrive, il entend Goliath renouveler sa proposition. Il propose d'affronter le géant. Le roi Saül tente de le dissuader, mettant en avant sa jeunesse, mais David lui rappelle qu'il a déjà tué un lion et un ours qui menaçaient les brebis de son père. Fort de sa foi en Dieu, il est certain de réussir. Le roi cède, mais pour protéger David il lui fait mettre ses vêtements, le coiffe d'un casque et le revêt d'une cuirasse. David, pas habitué à tout cet attirail, s'en débarrasse, ainsi que de l'épée de Saül. C'est seul, muni de sa fronde et de cinq cailloux, qu'il affrontera Goliath.

Quand le géant voit David, il se demande si on ne se moque pas de lui. Qu'est-ce que c'est que cet avorton ? Il va n'en faire qu'une bouchée ! Mais David, certain que Dieu est avec lui, s'avance, prend une pierre dans sa gibecière et la lance avec sa fronde. La pierre atteint Goliath en plein front. Goliath s'écroule, mort. David court vers lui et lui tranche la tête avec l'épée du géant. Les Philistins, effrayés, s'enfuient.

Et voilà comment un grand se fait avoir par un petit. Petit, mais fort de sa foi en Dieu !

## *Le jugement de Salomon*

Salomon est réputé pour sa sagesse, qu'il a demandé à Dieu de lui donner pour gouverner.

Un jour, deux prostituées viennent lui demander justice. Peu de temps avant, elles ont donné naissance à trois jours d'intervalle à un enfant. Une nuit – elles habitent dans la même maison – le fils de l'une des femmes meurt parce que sa mère s'est couchée sur lui. La femme a mis son enfant mort dans le lit de l'autre femme et pris l'enfant vivant, qu'elle a placé dans son propre lit. Quand l'autre femme s'est réveillée, elle a cru que son enfant était mort, mais, en le regardant de plus près, elle a vu que ce n'était pas son fils. Depuis, c'est la guerre, chacune revendiquant l'enfant vivant. Qui croire ?

Salomon demande qu'on apporte une épée, qu'on coupe l'enfant vivant en deux et qu'on donne une moitié à chacune. L'une des femmes, refusant que l'enfant soit tué, se dit prête à laisser l'enfant à l'autre. La deuxième, en revanche, est d'accord pour qu'on coupe l'enfant en deux. « Bon sang, mais c'est bien sûr », comme dit le commissaire Bourrel quand il trouve le criminel ! Salomon sait à présent quelle est la mère de l'enfant vivant : celle qui préfère le donner plutôt que de le voir mourir. Il lui fait remettre l'enfant.

Ce jugement, plein de sagesse, a donné naissance à l'expression « un jugement de Salomon », utilisé pour qualifier une décision juste et perspicace.

## 2) DANS LE NOUVEAU TESTAMENT

Raconter les épisodes marquants du Nouveau Testament, c'est en fait relater la vie de Jésus, les miracles qu'il a accomplis et les paraboles qu'il a racontées pour faire comprendre son message. Si ces épisodes sont moins « sanglants » que ceux de l'Ancien Testament, ils n'en sont pas moins significatifs. Voici les plus connus.

## *L'Annonciation*

L'Annonciation correspond au moment où l'ange Gabriel « annonce » à Marie, une jeune fille de Nazareth fiancée à Joseph le charpentier, qu'elle donnera naissance au fils de Dieu, appelé Jésus. Quand elle demande à l'ange comment cela est possible puisqu'elle est vierge, l'ange lui répond : « Le Saint-Esprit viendra sur toi, et la puissance du Très Haut te couvrira de son ombre. » (Lc 1, 35.) C'est aussi simple que ça !
Cet épisode a donné naissance à l'expression « par l'opération du Saint-Esprit » qui signifie de manière miraculeuse, un peu comme ce qui est arrivé à la jeune Marie.
Les chrétiens fêtent l'Annonciation neuf mois avant Noël, le 25 mars.

**LE MAÎTRE DE L'ANNONCIATION**

Le « maître » de l'Annonciation, comme le surnomme Michel Feuillet dans un de ses livres, celui qui l'a le mieux et le plus souvent représenté, est sans conteste le peintre Fra Angelico, un moine italien du XVe siècle. Le vrai nom de Fra Angelico était Guido di Pietro. Ce surnom (*Fra* signifie « frère » et *Angelico*, « ange ») vient du fait qu'il vivait et peignait comme un ange. Fra Angelico a été béatifié par Jean-Paul II.

## *Le songe de Joseph*

Quand Joseph (p. 37, 102) apprend que sa fiancée, la jeune Marie, est enceinte de Dieu, il a un peu de mal à avaler la pilule. On le comprend. Comme c'est un homme juste et qu'il ne veut pas lui porter préjudice, il décide de se séparer d'elle, mais secrètement. Et sur ce, il va se coucher. C'est là qu'un ange lui apparaît en songe : « Joseph, fils de David, ne crains pas de prendre avec toi Marie, ta femme, car l'enfant qu'elle a conçu vient du Saint-Esprit ; elle enfantera un fils, et tu lui donneras le nom de Jésus ; c'est lui qui sauvera son peuple de ses péchés. » (Mt 1, 20-21.) Au matin, c'est magique, Joseph a changé d'avis : il prend Marie pour femme, et le futur enfant avec. Du pouvoir des songes.

## *La Visitation*

Quand il a annoncé à Marie qu'elle donnerait naissance au fils de Dieu, l'ange lui a également appris que sa parente Élisabeth, âgée et *a priori* stérile, était enceinte. Alors, dès que l'ange est parti, hop, Marie se rend chez sa parente. Inspirée par l'Esprit saint, Élisabeth reconnaît lors de cette visite en Marie « la mère de son Seigneur » (Lc 1, 43). C'est également à cette occasion que Marie entonne le *Magnificat* (p. 80). Cet épisode est appelé la Visitation.
Élisabeth donnera naissance à Jean Baptiste (p. 47).

**LES FEMMES STÉRILES DANS LA BIBLE**

Dans la Bible, les femmes, souvent âgées, et *a priori* stériles donnent souvent naissance à des personnages importants : Sarah à Isaac, Rébecca à Ésaü et Jacob, Rachel à Joseph, Anne à Samuel, Élisabeth à Jean Baptiste... Comme s'il fallait savoir souffrir et attendre.

## *La Nativité*

Près de neuf mois ont passé depuis l'Annonciation.
Les Romains, qui occupent le pays, souhaitant recenser la population, Joseph est obligé de quitter Nazareth avec Marie pour se rendre dans sa ville d'origine, Bethléem, afin de s'y faire inscrire sur les listes.
Ils sont à Bethléem quand Marie ressent les douleurs de l'accouchement. Comme ils ne trouvent pas de place pour se loger, Marie met au monde Jésus dans un lieu sans confort, l'emmaillote et le couche dans une crèche, une sorte de mangeoire.
Pendant ce temps, un ange annonce la naissance du Sauveur à des bergers qui prennent la direction de Bethléem, où ils trouvent Jésus dans la crèche. Voilà pourquoi il y a des bergers et des moutons dans une crèche.

## *Les Rois mages*

L'évangile de Matthieu, dans le Nouveau Testament, raconte, lui, que des mages venus d'Orient sont venus rendre hommage à Jésus.
Quand ils arrivent à Jérusalem, ils demandent où est le roi des juifs, dont ils ont vu l'étoile dans le ciel. Le roi Hérode s'inquiète : n'est-ce pas lui, le roi des juifs ! Il interroge les religieux pour savoir où doit naître ce roi selon la Bible. À Bethléem, répondent-ils.
Hérode envoie les mages à Bethléem en leur demandant de revenir quand ils auront trouvé le roi des juifs afin que lui aussi lui rende hommage.
Les mages se remettent en route, conduits par l'étoile, qui les emmène jusqu'à Jésus. Les mages se prosternent devant lui et lui offrent des cadeaux : de l'or, de l'encens et de la myrrhe. Mais,

avertis en songe d'un danger, ils ne reviennent pas à Jérusalem. Voilà pourquoi, en plus des bergers, il y a trois Rois mages dans la crèche.

**LES ROIS MAGES**

Dans la Bible, on ne parle que de « mages », qui étaient sans doute des savants ou des astrologues. C'est plus tard qu'on leur a donné un nom : Balthazar, Gaspard et Melchior, et qu'on a parlé de Rois mages. Ils seraient trois car ils ont apporté trois présents. Dans son roman *Les Rois mages*, Michel Tournier imagine la vie et les raisons qui poussent ces personnages à faire ce grand voyage. D'ailleurs, ils sont dans son roman quatre, et non trois. Passionnant.

**L'ÉPIPHANIE**

On appelle cet épisode l'Épiphanie, un mot d'origine grecque qui signifie manifestation. Les chrétiens fêtent l'Épiphanie le 2e dimanche après Noël.

## *La fuite en Égypte*

Furieux que les mages ne soient pas repassés par Jérusalem pour lui dire où était ce fameux Jésus, Hérode ordonne de tuer tous les garçons jusqu'à l'âge de deux ans dans l'espoir de se débarrasser de Jésus. C'est le massacre des Innocents. Heureusement, prévenu en songe (le deuxième), Joseph part avec toute sa petite famille, qu'on appelle la Sainte Famille, en Égypte. Ils y resteront jusqu'à la mort d'Hérode.

## *La présentation de Jésus au Temple*

Quarante jours après la naissance de Jésus, selon la coutume, Marie et Joseph se rendent au Temple de Jérusalem pour présenter leur fils à Dieu. Ils offrent, comme c'est également la coutume, un sacrifice à Dieu : « deux tourterelles ou deux jeunes pigeons » (Lc 2, 24).
Quand ils entrent dans le Temple, un homme juste, Siméon, reconnaît en Jésus l'envoyé de Dieu. Il le prend dans ses bras et le bénit. Vivait également dans le Temple une vieille prophétesse, Anne, qui se met à parler de Jésus autour d'elle après l'avoir vu.

**LA CHANDELEUR**

Cet épisode est célébré lors de la fête des Chandelles, plus connu sous le nom de Chandeleur. Il est surtout connu comme le jour où l'on mange des crêpes, mais c'est aussi une fête chrétienne, que l'on célèbre le 2 février, quarante jours après Noël.

## *Les docteurs de la Loi*

Jésus a désormais douze ans. À l'occasion de la fête de la Pâque, comme c'est la coutume, Marie et Joseph se rendent avec lui à Jérusalem. Mais, sans que ses parents s'en aperçoivent en repartant, Jésus reste dans le Temple, où il discute d'égal à égal avec les docteurs de la Loi, des juifs qui connaissent très bien les textes sacrés : « Tous ceux qui l'entendaient étaient frappés de son intelligence et de ses réponses. » (Lc 2, 47.) Quand ils le retrouvent, après trois jours de recherche, ses parents lui reprochent sa disparition. Et voici la célèbre réponse de Jésus : « Pourquoi me cherchiez-vous ? Ne saviez-vous pas qu'il faut que je m'occupe des affaires de mon Père ? » (Lc 2, 49.) Pas mal, à douze ans...

## *Le baptême par Jean Baptiste*

Jean Baptiste (p. 47), le cousin de Jésus, célèbre prophète, baptise depuis quelque temps dans le Jourdain les gens qu'il invite à se repentir. Quand Jésus arrive, Jean Baptiste lui dit : « C'est moi qui ai besoin d'être baptisé par toi, et tu viens à moi ! » (Mt 3, 14.) L'évangéliste Matthieu poursuit : « Dès que Jésus eut été baptisé, il sortit de l'eau. Et voici, les cieux s'ouvrirent, et il vit l'Esprit de Dieu descendre comme une colombe et venir sur lui. »

**L'ESPRIT**

Pour les chrétiens, l'Esprit, qui vient d'un mot signifiant « vent », « souffle », est le souffle de Dieu. L'Esprit est aussi la troisième personne de la Trinité, un Dieu unique en trois personnes : le Père, le Fils et le Saint-Esprit. Il est généralement représenté sous la forme d'une colombe.

## *Les tentations au désert*

Après avoir été baptisé, Jésus est conduit par l'Esprit au désert. Au bout de quarante jours et quarante nuits de jeûne – nombre symbolique dans la Bible –, il commence à avoir faim. Le diable en profite pour arriver. L'occasion est trop belle. Tout d'abord, il propose à Jésus de changer les pierres en pain. Normal pour quelqu'un qui a faim. Jésus refuse en lui disant que l'homme ne se nourrit pas seulement de pain, mais de la parole de Dieu. À noter que Jésus, et ce sera ainsi les autres fois aussi, répond en citant un passage de l'Ancien Testament. Mais le diable, qui ne s'avoue pas vaincu aussi facilement, essaie autre chose : il emmène Jésus au sommet du Temple de Jérusalem (le pinacle) et lui propose de se jeter dans le vide. Pas de danger selon lui puisque les anges seront là pour le secourir. Jésus refuse une deuxième fois en lui disant qu'il ne faut pas tenter Dieu. Ça s'annonce moins facile que prévu, mais le diable, qui a plus d'un tour dans son sac, fait un troisième essai : il emmène Jésus en haut d'une montagne et lui propose de lui donner toutes les richesses du monde s'il se prosterne devant lui. Jésus refuse une troisième fois en lui disant qu'on n'adore que Dieu, mais, cette fois, en plus, il chasse le diable : *Vade retro, Satanas*. Ça commence à bien faire.
Jésus a résisté aux tentations. Sa vie publique peut commencer.
C'est de cet épisode que vient l'expression « porter au pinacle » qui signifie porter aux nues, louer exagérément.

## *L'appel des premiers disciples*

Sur le bord du lac de Tibériade, Jésus aperçoit deux pêcheurs : André et Simon. Il leur demande de le suivre et de devenir des « pêcheurs d'hommes ». Ils ne tireront plus les poissons hors de l'eau, mais les hommes hors du mal. Il dit la même chose à deux autres pêcheurs : Jacques et son frère Jean. Et vous savez quoi ? Les quatre laissent tout et le suivent.

## *Les grands miracles*

### Les Noces de Cana

Jésus est invité à des noces à Cana, en Galilée, avec ses disciples et sa mère. Marie s'aperçoit qu'il n'y a plus de vin, et le dit à son fils. Jésus demande alors aux serviteurs de remplir d'eau six vases de pierre destinés aux purifications des juifs. Miracle ! L'eau se change en vin, qui est bien meilleur que le vin du début de la noce. Ce miracle raconté dans l'évangile de Jean est le premier réalisé par Jésus.

### La Multiplication des pains

Jésus parle à une foule nombreuse, la nuit tombe. Ses disciples lui proposent de renvoyer les gens, mais Jésus leur répond de les nourrir eux-mêmes. Le problème, c'est qu'ils n'ont que deux pains et cinq poissons. Mais, avec Jésus, tout est possible. Ce dernier prend les pains, les poissons et les bénit, et devinez ce qui arrive : les pains et les poissons se multiplient. Et mieux, à la fin, il en reste.

### Lève-toi et marche

À Capharnaüm, Jésus parle à la foule quand arrivent des gens portant un paralytique. Comme ils ne peuvent pas s'approcher de Jésus à cause de la foule, ils passent par le toit d'une maison pour lui amener le malade. Voyant leur foi, Jésus pardonne ses péchés au malade, avant de lui dire le fameux : « Lève-toi et marche. » Miracle ! Le paralytique se lève, prend son brancard et s'en retourne chez lui. C'est aussi simple que ça.

### La résurrection de Lazare

Lazare est un ami de Jésus. Quand il apprend que Lazare va très mal, Jésus prend la route pour aller le voir, mais il arrive trop tard : Lazare est déjà mort et enterré. À Marthe (p. 81), la sœur de Lazare, Jésus dit alors : « Je suis la résurrection et la vie. Celui qui croit en moi vivra, quand même il serait mort ; et quiconque vit et croit en moi ne mourra jamais. » (Jn 11, 25-26.) Puis Jésus se rend au sépulcre, fait ôter la pierre tombale et ordonne à Lazare de sortir. « Et le mort sortit, les pieds et les mains liés de bandes, et le visage enveloppé d'un linge. » (Jn 11, 44.) Jésus a ressuscité Lazare.

## *Le Sermon sur la montagne*

Le Sermon sur la montagne adressé par Jésus à une large foule, est un discours qui contient l'essentiel de son message. Parmi les passages les plus connus, les Béatitudes (« Heureux les pauvres en esprit, car le royaume des cieux est à eux… ») et le Notre Père, la prière que les chrétiens récitent encore aujourd'hui.

**LE NOTRE PÈRE**
**POUR CEUX QUI NE LE CONNAÎTRAIENT PAS**

Notre Père qui es aux cieux,
que ton nom soit sanctifié,
que ton règne vienne,
que ta volonté soit faite sur la terre comme au ciel.
Donne-nous aujourd'hui notre pain de ce jour.
Pardonne-nous nos offenses,
comme nous pardonnons aussi à ceux qui nous ont offensés.
Et ne nous soumets pas à la tentation,
mais délivre-nous du Mal.
Amen.

## *Les paraboles célèbres*

Les paraboles sont des petites histoires que Jésus raconte pour mieux se faire comprendre.

### Le Bon Samaritain

Un homme, agressé par des bandits, est laissé à moitié mort sur la route.
Un prêtre passe, sans s'arrêter. Un lévite, un homme au service du Temple de Jérusalem, fait de même.
Arrive un Samaritain, un homme d'une population méprisée par les juifs. Contrairement aux deux autres, il s'arrête, soigne les blessures de l'homme avec de l'huile et du vin, et le conduit dans une auberge. Le lendemain, il donne de l'argent à l'hôtelier pour les soins et la nourriture du blessé.
C'est de cet épisode que vient l'expression « un Bon Samaritain » qui s'applique à une personne toujours prête à aider les autres.

## La brebis égarée

Un berger qui avait cent brebis en perd une. Aussitôt, il part à sa recherche, et tant pis pour les quatre-vingt-dix-neuf autres qu'il laisse dans le désert. Quand il retrouve la brebis égarée, il la met sur ses épaules et rentre chez lui faire la fête. Jésus termine ainsi cette parabole : « De même, je vous le dis, il y aura plus de joie dans le ciel pour un seul pécheur qui se repent que pour quatre-vingt-dix-neuf justes qui n'ont pas besoin de repentance. » (Lc 15, 7.)
Une expression vient de cet épisode : dire de quelqu'un que c'est une brebis égarée, c'est dire qu'il s'est éloigné du droit chemin.

## Le fils prodigue

Un homme a deux fils. Le cadet demande à son père de lui donner la part d'héritage à laquelle il aura droit. Puis il part dans un pays où il dépense futilement cet argent. Bientôt, il n'a plus rien. Comme, pour ne rien arranger, la famine sévit dans le pays, il n'a pas d'autre solution pour vivre que de garder les porcs

d'un homme. Ça ne peut plus durer. Il décide de rentrer chez lui demander à son père de le prendre comme ouvrier. Comme ça, il aura de quoi manger.
Il est en chemin quand son père l'aperçoit. Contre toute attente, son père le prend dans ses bras et demande à ses serviteurs de faire tuer un veau bien gras en son honneur.

Deux expressions viennent de cette histoire.
Le fils prodigue, celui qui dépense sans compter, est celui qu'on accueille avec joie à son retour. Quant à tuer le veau gras, c'est préparer un bon repas en l'honneur de quelqu'un.

## *La femme adultère*

**PHARISIENS ET SCRIBES**

Les pharisiens sont des gens qui suivent la Loi religieuse à la lettre. Les scribes sont des spécialistes des Écritures. Le Nouveau Testament parle souvent des deux ensemble.

Un jour, des pharisiens et des scribes demandent à Jésus s'il est d'accord, comme le veut la loi de Moïse, pour que la femme adultère qu'ils lui amènent soit lapidée. Au début, Jésus se tait, puis il lance la célèbre phrase qui a donné l'expression « jeter la (première) pierre » : « Que celui de vous qui est sans péché jette le premier la pierre contre elle. » (Jn 8, 7.) Les accusateurs, à commencer par les plus âgés, qui savent bien qu'ils ont déjà péché, s'en vont les uns après les autres. La femme, à qui Jésus pardonne, est sauvée.

## *La Samaritaine*

Un jour, Jésus demande à boire à une Samaritaine, une femme d'une population méprisée par les juifs. La Samaritaine s'étonne qu'il lui adresse la parole, avant de comprendre, à la suite d'une discussion avec lui, que l'homme avec qui elle parle est sans doute le Messie.
À un moment, Jésus lui dit cette phrase connue : « Quiconque boit de cette eau aura encore soif ; mais celui qui boira de l'eau que je lui donnerai n'aura jamais soif, et l'eau que je lui donnerai deviendra en lui une source d'eau qui jaillira jusque dans la vie éternelle. » (Jn 4, 13-14.)

## *Zachée*

Zachée est le chef des collecteurs des impôts pour les Romains. C'est donc un homme mal vu de la population. Ce jour-là, il voudrait bien voir ce fameux Jésus, mais il y a plein de monde devant lui et il est petit. Il décide donc de monter dans un arbre pour l'apercevoir. Ce qu'il n'avait pas prévu, c'est que Jésus, en le voyant, s'inviterait chez lui. Les gens sont outrés. Comment Jésus ose-t-il aller chez un pécheur ?
Tout est bien qui finit bien puisque Zachée, touché par le geste de Jésus, décide de faire don de la moitié de ses biens aux pauvres, et de rendre le quadruple à ceux à qui il a fait du tort.

## *L'entrée à Jérusalem*

Jésus se dirige vers Jérusalem pour célébrer la Pâque juive. Monté sur un âne, il s'approche de la ville. Son entrée est triomphale : certaines personnes étendent leur vêtement sur le chemin en signe de respect tandis que d'autres jonchent le sol de branches. « Hosanna au Fils de David ! Béni soit celui qui vient au nom du Seigneur ! Hosanna dans les lieux très hauts ! » (Mt 21, 9), crient-ils tous. Tout s'annonce bien. Pourtant, bientôt...

**LES RAMEAUX**

L'entrée triomphale de Jésus à Jérusalem est fêtée le dimanche des Rameaux, qui commence la Semaine sainte, celle qui précède Pâques. En souvenir des branches agitées par la foule, le prêtre bénit des branches de buis, d'olivier ou de laurier. À la messe, les gens chantent *Hosanna*, comme ceux qui entouraient Jésus.

## *Les marchands du Temple*

Peu de temps après être arrivé à Jérusalem, Jésus se rend au Temple. Énervé par ce qui s'y passe, et alors qu'il est généralement doux comme un agneau, il prend un fouet et chasse les vendeurs de colombes et les changeurs d'argent qui se trouvent sous le portique – les marchands du Temple – en disant : « Il est écrit : Ma maison sera appelée une maison de prière. Mais vous, vous en faites une caverne de voleurs. » (Mt 21, 13.) Les grands prêtres, indignés, décident de se débarrasser de lui.
L'épisode a donné l'expression les « marchands du Temple », désignant les vendeurs qui envahissent les lieux de culte et les gens qui se font de l'argent sous le prétexte de nobles causes.

## *Le lavement des pieds*

Cet épisode est raconté dans l'évangile de Jean. Au cours de la Cène (voir ci-dessous), Jésus « se leva de table, ôta ses vêtements et prit un linge, dont il se ceignit. Ensuite il versa de l'eau dans un bassin, et il se mit à laver les pieds des disciples, et à les essuyer avec le linge dont il était ceint. » (Jn 13, 4-5.) Pierre s'offusque. Ce n'est pas à Jésus de leur laver les pieds. Ce geste d'humilité est ainsi expliqué par Jésus : « Si donc je vous ai lavé les pieds, moi, le Seigneur et le Maître, vous devez aussi vous laver les pieds les uns aux autres ; car je vous ai donné un exemple, afin que vous fassiez comme je vous ai fait. En vérité, en vérité, je vous le dis, le serviteur n'est pas plus grand que son seigneur, ni l'apôtre plus grand que celui qui l'a envoyé. » (Jn 13, 14-16.) Ce geste est fêté le Jeudi saint.

Le Jeudi saint 2016, le pape François a lavé les pieds de onze migrants chrétiens, musulmans ou hindous, et d'une employée de leur centre d'hébergement, refaisant ainsi le geste du Christ.

## *La Cène*

Le mot « cène » vient du latin *cena* qui signifie repas du soir. La Cène avec une majuscule désigne le dernier repas de Jésus avec ses douze apôtres. Au cours du repas, Jésus leur donne du pain, puis du vin, en disant : « Prenez, ceci est mon corps. Ceci est mon sang. » C'est la première messe.
Il leur annonce également que l'un d'eux va le trahir. C'est la consternation générale. Sur le tableau de Léonard de Vinci, on voit les apôtres chuchoter entre eux : qui est le traître ? Suspense...

Ce dîner à treize, dont l'un va mourir peu après – voire deux si on compte Judas, qui se pendra –, est à l'origine de la superstition qui veut qu'on ne soit pas treize à table.

## *Le jardin des Oliviers*

Après la Cène, conscient du sort qui l'attend, Jésus part prier dans un jardin situé au pied du mont des Oliviers. Il emmène des disciples qui s'endorment, inconscients du danger. Quand il revient de prière, Judas, l'un des douze apôtres, suivi d'hommes armés, s'approche de lui et l'embrasse. Les hommes arrêtent Jésus. C'est de là que vient l'expression le « baiser de Judas », désignant une marque d'affection qui cache de noirs desseins. Quant à Judas, depuis cet épisode, il symbolise le traître.

## *Le procès*

Une fois arrêté, Jésus est conduit au Sanhédrin, le tribunal juif de Jérusalem composé de religieux. Le grand prêtre, Caïphe

(p. 54), lui demande s'il est le Christ, à quoi Jésus répond : « Tu l'as dit. De plus, je vous le déclare, vous verrez désormais le Fils de l'homme assis à la droite de la puissance de Dieu, et venant sur les nuées du ciel. « (Mt 26, 64.) Pour Caïphe, Jésus blasphème. Prenant les autres membres du Sanhédrin à témoin, il condamne Jésus. Mais comme seul le gouverneur romain a le pouvoir de le condamner à mort, il fait conduire Jésus chez Ponce Pilate.

**LA PASSION**

La Passion est l'ensemble des souffrances qui précèdent et accompagnent la mort de Jésus.

**LE RENIEMENT DE PIERRE**

Quand Jésus a été arrêté, Pierre l'a suivi jusqu'au Sanhédrin. C'est là que plusieurs personnes reconnaissent en lui un disciple de Jésus. Mais Pierre, qui a peur, nie le connaître. Il le niera trois fois, réalisant ainsi la prédiction que Jésus lui avait faite peu de temps auparavant : « Je te le dis en vérité, cette nuit même, avant que le coq chante, tu me renieras trois fois. » (Mt 26, 34.)

## *Le jugement par Pilate*

Pilate (p. 55), à qui on amène Jésus pour qu'il le condamne à mort, ne trouve pas cet homme bien méchant. Il propose donc à la foule de relâcher un prisonnier, Jésus ou Barabbas, un brigand. Étonnamment, la foule, influencée par les grands prêtres et les anciens, choisit de gracier Barabbas. Pilate est donc obligé

de condamner Jésus à mort, mais pour montrer qu'il n'est pas responsable de cette décision, Pilate se lave les mains en disant : « Je suis innocent du sang de ce juste : cela vous regarde. » (Mt 27, 24.)
Cet épisode est à l'origine de l'expression « s'en laver les mains » qu'on utilise pour dire qu'on n'y est pour rien.

**LE CHEMIN DE CROIX**

Le chemin de croix est le chemin qu'a parcouru Jésus depuis sa condamnation à mort jusqu'à sa mise au tombeau. Il est traditionnellement constitué de quatorze stations :

1. Jésus est condamné à mort.
2. Jésus est chargé de sa croix.
3. Jésus tombe sous le poids de la croix.
4. Jésus rencontre sa mère.
5. Un homme aide Jésus à porter sa croix (Simon de Cyrène).
6. Une femme essuie la face de Jésus.
7. Jésus tombe pour la deuxième fois.
8. Jésus console les filles de Jérusalem.
9. Jésus tombe pour la troisième fois.
10. Jésus est dépouillé de ses vêtements.
11. Jésus est cloué sur la croix.
12. Jésus meurt sur la croix.
13. Jésus est descendu de sa croix et remis à sa mère.
14. Jésus est mis au tombeau.

## *La Crucifixion*

**LA CRUCIFIXION**

La crucifixion était le sort réservé aux bandits, aux émeutiers et aux esclaves.

Après avoir été condamné à mort par Pilate, Jésus est conduit au Golgotha, ou « lieu du crâne », où il est crucifié avec deux malfaiteurs. Au-dessus de sa tête figure une inscription : *INRI, Iesus Nazarenus Rex Iudaeorum,* qui signifie : Jésus le Nazaréen, roi des Juifs. C'est Pilate (p. 56) qui l'a fait mettre.
Jésus est insulté par les passants : s'il est le roi des juifs, il n'a qu'à se sauver lui-même ! L'un des malfaiteurs l'interpelle : « N'es-tu pas le Christ ? Sauve-toi toi-même, et sauve-nous ! » (Lc 23, 39.) Le second malfaiteur lui répond que leur sort est juste puisque ce sont des criminels alors que Jésus, lui, n'est coupable de rien. Puis il demande à Jésus de se souvenir de lui quand il sera dans son royaume. Jésus lui répond alors : « Je te le dis en vérité, aujourd'hui tu seras avec moi dans le paradis. » (Lc 23, 43.)

**LES DEUX LARRONS**

Les deux malfaiteurs crucifiés avec Jésus sont appelés les deux larrons. Celui qui reconnaît en Jésus le Messie est surnommé le bon larron.

## *La descente de croix*

Une fois mort, Jésus est descendu de la croix pour être enterré.

**LA PIETÀ**

Une Pietà (ou Vierge de Pitié) représente la Vierge Marie pleurant Jésus mort qu'elle tient sur ses genoux. La plus connue est la touchante sculpture de Michel-Ange réalisée vers 1499, où le Christ descendu de la croix s'abandonne dans les bras de sa mère.

## *La mise au tombeau*

Jésus est enterré par Joseph d'Arimathie (p. 56), qui avait demandé à Pilate de lui donner le corps. Dans certains Évangiles, Nicodème (p. 56) est présent. Ils le parfument, l'enveloppent d'un linceul et le mettent en terre, dans un tombeau neuf.

**LE SAINT-SÉPULCRE**

Le Saint-Sépulcre est le tombeau de Jésus à Jérusalem.

## *La Résurrection*

Trois jours après la mort de Jésus, son tombeau est vide, alors qu'il était gardé par des soldats. Comme il l'avait annoncé, Jésus est ressuscité le troisième jour après sa mort.

Il va alors apparaître pendant quarante jours à plusieurs personnes : tout d'abord Marie-Madeleine, dans l'épisode *Noli me tangere* (p. 81), puis ses apôtres, dont Thomas (p. 52) et d'autres disciples. Les chrétiens fêtent plus particulièrement la Résurrection de Jésus le dimanche de Pâques.

**LES PÈLERINS D'EMMAÜS**

L'évangile de Luc raconte que, peu de temps après sa résurrection, Jésus fait route avec deux disciples qui se rendent à Emmaüs. Les deux disciples discutent avec lui, mais ne le reconnaissent pas. Ce n'est qu'au moment du repas, quand « il prit le pain ; et, après avoir rendu grâces, il le rompit, et le leur donna » (Lc 24, 30) qu'ils le reconnaissent, « mais il disparut devant eux ». Bref, mais intense.

## *L'Ascension*

Au premier chapitre des Actes des Apôtres, Jésus est avec ses disciples. Il leur annonce qu'ils recevront prochainement l'Esprit saint, puis « fut élevé pendant qu'ils le regardaient, et une nuée le déroba à leurs yeux » (Ac 1, 9.) Jésus est monté au ciel vers son Père, comme le chante au XIX$^{e}$ siècle Paul Verlaine dans un de ses poèmes, dont voici le premier quatrain :

*Jésus au ciel est monté*
*Pour vous envoyer sa grâce.*
*Espérance et charité,*
*Foi qui jamais ne se lasse.*

C'est l'Ascension, qui a lieu quarante jours après Pâques.

## *La Pentecôte*

Ce jour-là, les douze apôtres sont réunis. Matthias a remplacé Judas, qui s'est pendu. Tout à coup, ils entendent un bruit. Des langues de feu apparaissent et se posent sur chacun d'eux. Les apôtres, désormais remplis de l'Esprit saint, se mettent à parler dans d'autres langues. Jésus, comme il leur avait promis, leur a envoyé l'Esprit saint. À eux désormais de parcourir le monde pour annoncer la Bonne Nouvelle : Jésus, le fils de Dieu, a vaincu la mort. Cet épisode est raconté au début des Actes des Apôtres (chapitre 2).

La Pentecôte a lieu cinquante jours après la Résurrection et dix jours après l'Ascension. Les chrétiens la fêtent le 7e dimanche après Pâques.

## *Jour 5*

# Quelques grands rois de l'Ancien Testament

*Dieu dit : Que les eaux produisent en abondance des animaux vivants, et que des oiseaux volent sur la terre vers l'étendue du ciel. Dieu créa les grands poissons et tous les animaux vivants qui se meuvent, et que les eaux produisirent en abondance selon leur espèce ; il créa aussi tout oiseau ailé selon son espèce. Dieu vit que cela était bon. Dieu les bénit, en disant : Soyez féconds, multipliez, et remplissez les eaux des mers ; et que les oiseaux multiplient sur la terre. Ainsi, il y eut un soir, et il y eut un matin : ce fut le cinquième jour.* (Gn 1, 20-23.)

Après la division en deux royaumes – Juda et Israël – les rois bibliques seront nombreux, mais moins marquants que les trois rois d'avant le schisme : Saül, David et Salomon, passés à la postérité. Ces derniers régneront d'environ 1030 à 931 av. J.-C. Ce ne sont pas des rois modèles, même si leurs faiblesses ont souvent été occultées par leurs hauts faits. Leur histoire est racontée dans les deux livres de Samuel et les deux livres des Rois.

Une petite journée pour ce cinquième jour, mais riche d'enseignements...

## *Saül, le roi dépassé par la fonction*

Les Hébreux, depuis leur arrivée en Terre promise, sont dirigés par des sortes de chefs qui règlent les conflits : les Juges (voir le livre des Juges, le 7e livre de l'Ancien Testament). Parmi ces Juges : Débora (p. 76) et Baraq, Samson (p. 40), Gédéon... Mais, un jour, les Hébreux émettent le souhait d'être gouvernés par un vrai roi, comme les autres nations. Le prophète Samuel (p. 126, 143) finit par accepter d'en chercher un, Dieu étant d'accord pour leur donner un roi. Son choix se porte sur un beau jeune homme, grand et fort, Saül.

### Les erreurs

Au début, tout se passe bien et Saül remporte des victoires contre les ennemis, mais, peu à peu, les choses se gâtent. Un jour, Saül, contre l'ordre de Samuel, épargne le roi des Amalécites, Agag, ainsi que toutes les bêtes de ce dernier ayant de la valeur, provoquant la colère de Dieu. Ce dernier se repent d'avoir donné la royauté à Saül qui s'est détourné de lui, ce que Samuel rapporte à Saül. Désespéré, Saül pleure, supplie, prie, sans succès. Samuel comprend qu'il doit trouver un autre roi plus à la hauteur. Ce sera David (voir ci-dessous). Samuel et Saül se séparent.
Miné, Saül sombre dans une sorte de schizophrénie. Seule la musique jouée par le jeune David réussit à l'apaiser.

## La rivalité avec un jeune berger

C'est peu de temps après qu'a lieu le combat du jeune berger David contre le géant de l'armée adverse, Goliath (p. 128). À la surprise générale, David le remporte, armé de sa seule fronde et de quelques cailloux. Ce succès et les victoires qu'il remporte par la suite lui valent une grande popularité, dont Saül finit par prendre ombrage, bien que son fils Jonathan et David soient amis et que sa fille Mikal ait fini par épouser David. Saül décide de se débarrasser de ce rival gênant. La lutte entre les deux hommes, où David fera preuve de respect pour Saül, n'hésitant pas à deux reprises à l'épargner, ne prendra fin qu'à la mort de Saül.

## Une fin inévitable

De plus en plus angoissé et paranoïaque, le roi se met à faire n'importe quoi, comme massacrer des prêtres. Paniqué parce que Dieu ne répond plus à ses questions, il ne voit qu'une solution : consulter un devin, ce qui est interdit par la loi (« Qu'on ne trouve chez toi personne qui exerce le métier de devin, d'astrologue, d'augure, de magicien » [Dt 18, 10].) Pour cela, il fait chercher une femme qui évoque les morts et prédit l'avenir. La femme fait apparaître le prophète Samuel, mort depuis quelque temps, qui annonce à Saül sa fin prochaine.

Le lendemain, l'armée de Saül est décimée. Ne voulant pas devenir le prisonnier des Philistins, le roi demande à un soldat de le tuer, mais ce dernier prend peur et refuse. Saül se suicide en se jetant sur son épée. Son fils Jonathan meurt le même jour.

En apprenant cela, David, pas rancunier, compose un cantique funèbre, dont le poète Alphonse Agnant s'est inspiré pour composer, au XIXe siècle, un poème qui se termine ainsi :

*Laissez un libre cours à ma douleur amère !*
*Comment est tombé Jonathas ?*
*Laissez-moi pleurer son trépas !*
*Comment es-tu tombé, toi que j'aimais, mon frère,*
*D'une amitié plus forte que l'amour ;*
*Toi qui me payais de retour ?*
*Comme un enfant unique est aimé de sa mère,*
*Ainsi je t'aimais, ô mon frère !*

*Israël, sur tes monts enveloppés de deuil,*
*Comment sont-ils tombés, ces braves, ton orgueil ?*

**DEMANDÉ MAIS PAS AGRÉÉ**

En hébreu, Saül se dit *sha'uwl*, qui signifie « désiré, demandé (à Dieu) ». Demandé à Dieu effectivement, mais pas prêt pour la fonction, dans le cas de Saül, qui régna environ de 1030 à 1010 av. J.-C.

## *David, ou la valeur n'attend pas le nombre des années*

Inspiré par Dieu, le prophète Samuel (p. 143) part à la recherche d'un remplaçant au roi Saül, qui a mal agi. Il se rend à Bethléem et fait son choix en la personne de David, le petit dernier de Jessé. En hébreu, David signifie « le bien-aimé ». Tout un présage !

### Un jeune homme plein d'avenir

David joue très bien de la harpe, avec laquelle il réussit à calmer le roi Saül, qui a une étrange maladie de l'esprit.
Un jour, alors qu'il est encore très jeune, il relève le défi du géant Goliath, le champion de l'armée ennemie : celui qui réussira à

le vaincre en combat singulier gagnera la bataille pour tout son clan. Fort de sa foi en Dieu, David parvient à tuer le champion. Plus tard, le roi Saül lui donnera en mariage sa fille Mikal.
Mais, dévoré par la jalousie, Saül décide de tuer David, qui doit se cacher. Ce n'est qu'à la mort du roi, après un schisme de sept ans qui voit s'opposer Isch Boscheth, le fils de Saül, et David, que David régnera sur tout le pays.
David est LE roi d'Israël. D'ailleurs, c'est le roi auquel la Bible consacre le plus de pages. Au cours de ses quarante ans de règne (de 1010 à 970 av. J.-C.), il édifiera et organisera le royaume.

## La Ville sainte

Refusant de s'installer à Hébron, David ravit la cité de Jébus aux Jébusiens et en fait la capitale du royaume d'Israël : Jérusalem. Jérusalem ne sera pas seulement la capitale du royaume, mais une Ville sainte, la cité de Dieu. David décide en effet d'y transporter l'Arche d'alliance, le coffre en bois sculpté qui contient les Tables de la Loi sur lesquelles sont gravés les Dix Commandements. Lors de la cérémonie, David est si heureux qu'il se met à danser devant l'Arche, sous le regard réprobateur de sa femme Mikal. David projette même de construire un temple dans la capitale, mais Dieu lui fait savoir que cette tâche incombera à son fils, trouvant peut-être ses mains trop tachées de sang. Il est vrai que David, grand chef de guerre et fin stratège, ne se gêne pas pour guerroyer. Peu à peu, il étend son territoire. Pour faire face à cet agrandissement, il met en place toute une organisation.

## La faute

Si le roi David est fidèle à Dieu, il est néanmoins capable de faiblesse. Un jour, il tombe amoureux de Bethsabée, la femme d'Urie, officier dans son armée, en la voyant de sa terrasse prendre son bain. Il la séduit et ce qui devait arriver arrive : Bethsabée tombe enceinte. Pour ne pas porter le chapeau, David fait rentrer d'expédition son mari pour qu'il dorme avec sa femme et endosse le rejeton, mais Urie refuse tant que ses camarades se battent. David l'envoie alors se battre en première ligne. Ce qu'il escomptait se produit : Urie meurt. David peut épouser Bethsabée. Le prophète Nathan ne se prive pas d'abreuver David de reproches et lui montrer qu'il a mal agi. Il lui annonce même la mort de son fils. Désespéré, David pleure, jeûne, mais rien n'y fait : l'enfant meurt. David et Bethsabée auront un autre fils : Salomon (voir ci-dessous).

### Les enfants, quel souci !

Peu à peu, les choses se gâtent. La relation entre les fils et les filles de David, issus de différents mariages, n'est en effet pas toujours au beau fixe. Voyons plutôt.

Tamar est la fille du roi David et la sœur d'Absalom. Son demi-frère, Amnon, en est fou. Sur les conseils d'un ami, il fait semblant d'être malade et demande à son père David de dire à Tamar de venir lui préparer des gâteaux. La belle jeune fille s'exécute. Elle prépare les galettes, les met à cuire et les donne à Amnon. Ce dernier ordonne alors à tout le monde de sortir et... viole sa demi-sœur ! Deux ans plus tard, en représailles, Absalom fait tuer Amnon, qui était le prince héritier.

Absalom va finir par chercher à prendre le pouvoir, n'hésitant pas à marcher sur Jérusalem pour renverser son père David, qui prend la fuite. Finalement, l'armée de David réussit à écraser celle de son fils, qui meurt.

Après bien des déboires, le vieux David, poussé par Bethsabée et le prophète Nathan, intronise son fils Salomon comme roi.

**LES PSAUMES**

Fin musicien, souvent représenté avec une harpe, David serait l'auteur de nombreux psaumes. Les psaumes sont des prières en forme de chants adressées à Dieu. Ils sont rassemblés dans le livre des Psaumes. Voici un extrait de psaume attribué à David : « Je t'aime, ô Éternel, ma force ! Éternel, mon rocher, ma forteresse, mon libérateur ! Mon Dieu, mon rocher, où je trouve un abri ! Mon bouclier, la force qui me sauve, ma haute retraite ! Je m'écrie : Loué soit l'Éternel ! Et je suis délivré de mes ennemis. » (Ps 18, 1-4.)

## *Salomon, ou la sagesse n'empêche pas la décadence*

Salomon, fils de David et Bethsabée, devient roi à la mort de son père, vers 971 av. J.-C. Il régnera quarante ans, jusqu'en 931 av. J.-C. Son nom vient du mot hébreu *shalom*, qui signifie paix.

### La sagesse en cadeau

En songe, Dieu lui promet de lui donner ce qu'il voudra. « Accorde donc à ton serviteur un cœur intelligent pour juger ton peuple, pour discerner le bien du mal ! Car qui pourrait juger ton peuple, ce peuple si nombreux ? » (1 R 3, 9) dit Salomon. Satisfait de cette réponse, outre la sagesse et l'intelligence, Dieu lui octroie ce qu'il n'avait pas demandé : la richesse et la gloire. Comme quoi, il ne faut pas trop demander pour beaucoup recevoir.

Pendant de nombreuses années, Salomon régnera avec sagesse sur un royaume pacifié et riche. Le « jugement de Salomon » (p. 100), au cours duquel il réussit à départager deux femmes prétendant chacune qu'un enfant est le leur, est la plus célèbre illustration de sa sagesse.

### Le Temple

Salomon est également célèbre pour avoir fait construire le Temple de Jérusalem, réalisant ainsi le souhait de son père David. Les travaux, selon la Bible, dureront sept ans. Par bateau, on fait venir des cèdres et des cyprès du Liban. Pierres de taille, bronze... les plus beaux matériaux sont utilisés. Rien n'est trop luxueux pour le Temple, avec une majuscule, qui est le signe de la présence de Dieu parmi son peuple. L'Arche d'alliance, le coffre contenant les Tables de la Loi, est transférée dans la partie du Temple la plus sacrée, qu'on appelle le « Saint des saints ».

### Une visite qui vaut de l'or

La popularité croissante de Salomon lui vaut la venue de la reine de Saba, qui arrive avec une caravane chargée de présents. La reine de Saba lui offre de l'or, des aromates et des pierres précieuses et le roi, pas en reste, « des présents dignes d'un roi tel que Salomon » (1 R 10, 13). Nul doute qu'ils concluent des accords commerciaux, même si ce n'est pas explicitement mentionné dans la Bible. Une légende veut qu'ils aient eu une liaison, mais de ça non plus la Bible ne dit mot. Ils auraient même eu un fils, à l'origine de la dynastie des souverains éthiopiens.

### De l'expansion à la décadence

L'expansion du royaume, les constructions et la vie fastueuse de la cour de Salomon occasionnent des coûts disproportionnés aux ressources. Sans compter que ce coquin de Salomon, en digne héritier de son père, aime les femmes au point d'avoir un harem de sept cents épouses de rang princier et trois cents concubines ! On y trouve des Moabites, des Ammonites, des Sidoniennes, des Hittites, bref, beaucoup d'étrangères à la loi de Moïse...

Ces femmes d'origine étrangère ayant apporté leurs dieux et leurs cultures, Jérusalem n'est bientôt plus la Ville sainte, mais une ville où plusieurs cultes cohabitent. Salomon lui-même se laisse aller à faire des sacrifices devant ces idoles et à leur élever des temples.

Quand il meurt, le royaume s'effondre. La mésentente survient en effet très vite entre les douze tribus d'Israël et le royaume finit par être divisé en deux : au Nord le royaume d'Israël, soumis à l'autorité de Jéroboam, réunit dix tribus ; au Sud le royaume de Juda, resté fidèle au petit-fils de David, Roboam, avec pour capitale Jérusalem, réunit deux tribus.

### SALOMON, FIN LETTRÉ

Plusieurs livres de la Bible sont attribués à Salomon : Le Cantique des cantiques (p. 165), un des plus beaux poèmes d'amour (normal pour un homme à femmes), le livre des Proverbes, avec d'autres (normal pour un sage) et l'Ecclésiaste, un recueil de sagesse connu pour son célèbre « vanité des vanités, tout est vanité », que Bossuet a repris au XVII^e siècle dans son oraison funèbre d'Henriette d'Angleterre. Voici le début de l'Ecclésiaste : « Paroles de l'Ecclésiaste, fils de David, roi de Jérusalem. Vanité des vanités, dit l'Ecclésiaste, vanité des vanités, tout est vanité. Quel avantage revient-il à l'homme de toute la peine qu'il se donne sous le soleil ? Une génération s'en va, une autre vient, et la terre subsiste toujours. » (Qo 1, 1-4.)

**MIAM MIAM !**

On mangeait bien à la cour de Salomon, comme le montre cet extrait du premier livre des Rois : « Chaque jour Salomon consommait en vivres : trente cors de fleur de farine et soixante cors de farine, dix bœufs gras, vingt bœufs de pâturage, et cent brebis, outre les cerfs, les gazelles, les daims, et les volailles engraissées. » (1 R 4, 22-23.)

## *Et après ?*

L'histoire du peuple d'Israël est longue, mais, après la division en deux royaumes, aucun roi ne se distinguera réellement. Voici un petit résumé de l'incroyable aventure du peuple de Dieu dans l'Ancien Testament depuis ses débuts.

① Elle commence à l'époque d'Abraham (p. 30) et des patriarches, jusqu'à l'installation en Égypte où réside Joseph (p. 37).

② Elle se poursuit par la sortie d'Égypte où les Hébreux étaient retenus prisonniers jusqu'à la traversée du désert et l'arrivée en Terre promise.

③ Vient l'installation dans le pays de Canaan. C'est l'époque des Juges et de nos trois rois : Saül, David et Salomon, qui se termine par la division en deux royaumes.

④ En 722 av. J.-C., le royaume du Nord est détruit par les Assyriens. Il ne reste que le royaume du Sud, Juda, à tenter d'être fidèle à Dieu.

⑤ Après la prise de Jérusalem, capitale du Sud, par le roi de Babylone Nabuchodonosor en 597 av. J.-C, c'est l'exil à Babylone d'une partie de la population. Dix ans plus tard, en 587 av. J.-C., après une révolte, le Temple est détruit et Jérusalem brûlée.

⑥ Suit la domination perse. En 539 av. J.-C., le roi de Perse Cyrus s'empare de Babylone. Les juifs sont autorisés à rentrer chez eux, où tout est à reconstruire. Les livres d'Esdras et Néhémie racontent ce qui se passe au retour d'exil.

⑦ Les uns chassant les autres, c'est le tour de la domination grecque, au cours de laquelle les juifs sont persécutés. S'ensuit la révolte des Maccabées, racontée dans les livres des Martyrs.

⑧ Et pour finir, c'est la domination romaine, qui explique qu'au temps de Jésus, le pays était gouverné par les Romains. Le général Pompée a en effet pris Jérusalem en 63 av. J.-C.

## *Jour 6*

# Quelques célèbres prophètes de l'Ancien Testament

*Dieu dit : Que la terre produise des animaux vivants selon leur espèce, du bétail, des reptiles et des animaux terrestres, selon leur espèce. Et cela fut ainsi. Dieu fit les animaux de la terre selon leur espèce, le bétail selon son espèce, et tous les reptiles de la terre selon leur espèce. Dieu vit que cela était bon. Puis Dieu dit : Faisons l'homme à notre image, selon notre ressemblance, et qu'il domine sur les poissons de la mer, sur les oiseaux du ciel, sur le bétail, sur toute la terre, et sur tous les reptiles qui rampent sur la terre. Dieu créa l'homme à son image, il le créa à l'image de Dieu, il créa l'homme et la femme. Dieu les bénit, et Dieu leur dit : Soyez féconds, multipliez, remplissez la terre, et l'assujettissez ; et dominez sur les poissons de la mer, sur les oiseaux du ciel, et sur tout animal qui se meut sur la terre. Et Dieu dit : Voici, je vous donne toute herbe portant de la semence et qui est à la surface de toute la terre, et tout arbre ayant en lui du fruit d'arbre et portant de la semence : ce sera votre nourriture. Et à tout animal de la terre, à tout oiseau du ciel, et à tout ce qui se meut sur la terre, ayant en soi un souffle de vie, je donne toute herbe verte pour nourriture. Et cela fut ainsi. Dieu vit tout ce qu'il avait fait et voici, cela était très bon. Ainsi, il y eut un soir, et il y eut un matin : ce fut le sixième jour.* (Gn 1, 24-31.)

Le prophète est le porte-parole de Dieu. Choisi par Dieu, il a pour mission de rappeler au peuple que Dieu l'aime, mais aussi de l'alerter s'il agit mal et se détourne de Dieu. Il défend en effet l'alliance que Dieu a faite avec son peuple. Si celle-ci n'est pas respectée, il peut prophétiser des catastrophes. Il dénonce également toutes les formes d'injustice (les riches qui écrasent les pauvres, les prêtres qui adorent d'autres dieux...). On comprend que sa parole puisse déranger, ce qui a valu à certains d'être rejetés. Les écrits attribués aux prophètes sont généralement réunis dans des livres qui portent leur nom : Isaïe, Jérémie, Ézéchiel, Jonas...

## *Moïse, le libérateur*

Voilà bien longtemps que Joseph (p. 37), le fils de Jacob, devenu ministre de Pharaon, est mort. Peu à peu, son souvenir s'est estompé. Le pharaon actuel, qui ne l'a jamais connu, s'inquiète de ce peuple étranger, les Hébreux, qui vit sur ses frontières et s'accroît chaque jour. Il commence par les réduire en esclavage en leur imposant de construire des temples et des villes. Mais, comme la population des Hébreux continue d'augmenter, il finit par ordonner que les fils nouveau-nés des Hébreux soient jetés dans le fleuve. C'est là que l'histoire de Moïse, LE prophète de l'Ancien Testament, commence. Son histoire est racontée dans plusieurs livres de la Bible : l'Exode, le Lévitique, les Nombres et le Deutéronome.

### Des débuts difficiles

Une femme hébraïque, pour éviter que son bébé ne soit tué, le dépose dans une corbeille sur le Nil. Le bébé est recueilli par la fille de Pharaon qui se baignait par là. L'enfant est appelé Moïse, ce qui signifie « sauvé des eaux ». Élevé à la cour, Moïse grandit, ignorant ce que subit son peuple. Mais, un jour, il voit un contremaître égyptien frapper un Hébreu. Son sang ne fait qu'un tour. Il se jette sur lui et le tue. Obligé de fuir, Pharaon ayant été mis au courant du meurtre, Moïse prend la route du désert. Il y rencontre Jéthro, un prêtre, dont il épouse une des filles.

**UN MOÏSE**

Le nom propre Moïse a donné naissance au nom commun « moïse » qui désigne un berceau portatif en osier capitonné, rappelant celui déposé par la mère de Moïse sur le Nil.

### La mission

C'est dans le désert que Moïse reçoit l'ordre de Dieu de rentrer en Égypte pour libérer les Hébreux. Cet événement est connu sous le nom du Buisson ardent (p. 94).
Moïse, après bien des tergiversations, accepte la mission. En chemin vers l'Égypte avec le bâton magique que Dieu lui a donné, il tombe sur son frère, Aaron. Pharaon n'ayant aucunement l'intention de libérer les Hébreux, il ne faudra pas moins des Dix Plaies infligées par Dieu à l'Égypte pour qu'il change d'avis. Ce ne sera en effet qu'à la dixième plaie – la mort de tous les premiers-nés égyptiens –, que Pharaon acceptera de laisser partir les Hébreux.

**GO DOWN MOSES (LET MY PEOPLE GO)**

*Go down Moses* est un gospel inspiré par les paroles que Dieu demande à Moïse de dire à Pharaon dans l'Exode : « Laisse aller mon peuple. » (Ex 7, 16.) Ce morceau, chanté par les esclaves noirs – qui s'identifiaient au peuple hébreu esclave de Pharaon – a été immortalisé par Louis Armstrong. En voici un extrait et sa traduction :

*When Israël was in Egypt's land,*
*Let my people go.*
*Oppressed so hard they could not stand,*
*Let my people go.*

*(Chorus)*
*Go down, Moses,*
*'Way down in Egypt's land.*
*Tell old Pharaoh,*
*To let my people go.*

*Lorsque le peuple d'Israël était en Égypte,*
*Libère mon peuple.*
*Tellement opprimé qu'il ne supportait plus,*
*Libère mon peuple.*

*(Chœur)*
*Descends, Moïse,*
*Dans ce pays d'Égypte.*
*Demande au vieux Pharaon*
*De laisser partir mon peuple.*

Femmes, enfants, vieillards, hommes, couverts d'or par les Égyptiens qui veulent qu'ils partent au plus vite, et bétail prennent la direction de la Terre promise, dirigés par Moïse. Mais Pharaon revient sur sa décision et lance ses chars à la poursuite des Hébreux. Ces derniers ne devront leur salut qu'au célèbre passage de la mer Rouge (p. 96), qui voit la mer s'ouvrir pour les laisser passer, puis se refermer sur les troupes de Pharaon.

## Quarante ans dans le désert

La traversée du désert commence. Dieu pourvoit aux besoins de son peuple en lui donnant de l'eau et la manne (p. 97), au goût de miel.
Arrivé au pied du mont Sinaï, Moïse, à l'appel de Dieu, laisse le peuple et grimpe. Une fois en haut de la montagne, il reçoit de Dieu les Dix Commandements (p. 98), que chaque Hébreu devra respecter. Les Dix Commandements sont gravés sur les Tables de la Loi, des tablettes de pierre. Mais le peuple, lassé d'attendre Moïse et désireux d'adorer un Dieu bien réel, s'est fabriqué une idole : le Veau d'or (p. 99). En voyant cela, furieux, Moïse brise les Tables de la Loi qu'il rapportait de la montagne et détruit le Veau d'or. Il ne lui reste plus qu'à remonter au sommet du Sinaï en rechercher de nouvelles. Il y restera quarante jours.

### LES CORNES DE MOÏSE

Moïse est parfois représenté avec deux cornes sur la tête. Pourquoi ? Parce que, quand il revient du mont Sinaï avec les Tables de la Loi définitives, il est écrit dans la Bible que « la peau de son visage rayonnait » (Ex 34, 29). Une erreur de traduction dans la Bible latine a transformé « rayonnait » en « était cornue ». Et voilà comment deux cornes sont apparues sur la tête de ce pauvre Moïse, qui n'en demandait pas tant !

Le peuple reprend son chemin. Lorsqu'il arrive près du pays de Canaan, la Terre promise, Moïse envoie douze éclaireurs dans le pays. Dix en reviennent terrifiés. Seuls Josué (p. 39) et Caleb sont optimistes. Le peuple, pris de panique, émet le souhait de rentrer en Égypte. Dieu, furieux, décide alors qu'il restera dans le désert quarante ans, le temps qu'une nouvelle génération voie le jour. Seuls Caleb et Josué pourront entrer en Terre promise.

### La mort de Moïse

Après quarante ans d'errance vient le temps pour le peuple d'entrer en Terre promise. Moïse la verra, mais n'y entrera pas. Il mourra avant. Auparavant, il transmet le flambeau à Josué et entonne un cantique. Alfred de Vigny a écrit au XIXe siècle un long poème intitulé « Moïse ». Dans l'extrait qui suit, il imagine que Moïse, qui a gravi le mont Nebo d'où il voit la Terre promise, exprime à Dieu son souhait de mourir.

*Il disait au Seigneur : « Ne finirai-je pas ?*
*Où voulez-vous encor que je porte mes pas ?*
*Je vivrai donc toujours puissant et solitaire ?*
*Laissez-moi m'endormir du sommeil de la terre !*
*Que vous ai-je donc fait pour être votre élu ?*
*J'ai conduit votre peuple où vous avez voulu.*
*Voilà que son pied touche à la terre promise.*
*De vous à lui qu'un autre accepte l'entremise,*
*Au coursier d'Israël qu'il attache le frein ;*
*Je lui lègue mon livre et la verge d'airain. »*

## *Samuel, le découvreur de rois*

Anne est stérile depuis plusieurs années. Un jour, dans le Temple, en présence du prêtre Éli, elle promet à Dieu de lui consacrer son fils si elle en a un. Quelque temps plus tard, elle donne naissance à un fils nommé Samuel. Comme promis, elle l'emmène, dès qu'il est sevré, au sanctuaire de Silo, où elle le confie à Éli.

### L'appel de Dieu

Une nuit, Samuel est réveillé par une voix. Croyant que c'est celle d'Éli, il va le voir, mais ce dernier lui répond qu'il ne l'a pas appelé. Samuel retourne se coucher. La scène se répète plusieurs fois. La dernière fois, comme lui a conseillé Éli, Samuel répond à la voix : « Parle, car ton serviteur écoute. » Dieu – car c'est lui que Samuel entendait – lui confie alors sa première mission : prévenir Éli que sa famille va disparaître car il n'a pas réussi à empêcher ses enfants de mal agir. Peu de temps après, la prophétie se réalise et Éli meurt.

### Le juge

Après la mort d'Éli, Samuel devient juge et sacrificateur. Nous sommes en effet, dans la Bible, à l'époque des juges, ces sortes de chefs qui règlent les problèmes.
Samuel tient le peuple de main de maître : les dieux étrangers comme Baal et Astarté sont écartés, et les Philistins battus.

### Le faiseur de rois

Les fils de Samuel n'étant pas un modèle de foi et de piété, Samuel ne peut les établir comme juges à sa suite. Pire, le peuple demande à être gouverné par un vrai roi, comme les autres nations. Samuel tente de lui montrer les dangers d'une monarchie – autoritarisme, vol... – mais le peuple persiste dans sa demande. Dieu étant d'accord pour donner un roi à son peuple, Samuel n'a plus qu'à s'incliner et à partir à la rencontre du premier roi d'Israël.

**LES TROGLODYTES**

Dans l'Antiquité, les Troglodytes formaient un peuple qui vivait dans les rochers, au sud-ouest de l'Égypte et de la Libye. Dans *Les Lettres persanes*, parues au XVIIIe siècle, Montesquieu a imaginé que, comme le peuple hébreu, celui des Troglodytes veut un roi à toute force. Pourtant, après avoir été un peuple indigne, il est devenu un modèle de vertu. Il choisit un vieillard vénérable, qui refuse sa proposition en ces termes : « Je vois bien ce que c'est, ô Troglodytes ! Votre vertu commence à vous peser. Dans l'état où vous êtes, n'ayant point de chef, il faut que vous soyez vertueux malgré vous ; sans cela vous ne sauriez subsister, et vous tomberiez dans le malheur de vos premiers pères. Mais ce joug vous paraît trop dur : vous aimez mieux être soumis à un prince, et obéir à ses lois, moins rigides que vos mœurs. » À méditer.

Lorsque Samuel aperçoit Saül (p. 126), un beau jeune homme, il comprend que c'est lui que Dieu a choisi comme roi. Il prend une fiole d'huile et en répand sur la tête de Saül. Une fois oint, Saül peut désormais prétendre au titre de roi.
Si son règne commence bien, les choses se gâtent rapidement : Saül se détourne de Dieu, et Dieu de Saül. Samuel, qui sait que la descendance de Saül ne régnera pas, repart en quête d'un autre roi. Dieu l'envoie chez un certain Jessé. Ce dernier lui présente sept de ses huit fils, mais aucun ne semble plaire à Dieu. Ils sont pourtant forts et beaux ! Mais Dieu conseille à Samuel de ne pas se fier à l'apparence. Samuel demande alors à Jessé s'il n'aurait pas un autre fils. Jessé fait chercher le plus jeune, qui faisait paître ses brebis. C'est lui que Dieu a choisi comme roi. Samuel prend l'huile et oint David (p. 128), qui sera le deuxième et le plus célèbre roi d'Israël.

Samuel a accompli sa mission. Peu de temps après, le dernier juge d'Israël, qui a joué un grand rôle dans la formation de la monarchie, meurt. Deux livres de l'Ancien Testament portent son nom : 1 Samuel, 2 Samuel.

## *Élie, l'ennemi des idolâtres*

Le prophète Élie a vécu sous le règne d'Achab, de sa femme Jézabel (p. 70) et de son fils Ochozias. Le culte de Baal s'étant répandu sous l'influence de Jézabel, Élie passera l'essentiel de sa vie à lutter pour restaurer la croyance en un Dieu unique.
Pour punir Achab d'avoir cédé aux sirènes de Baal, il prophétise trois ans de sécheresse, et doit se cacher.

### Les miracles d'Élie

En remerciement des gâteaux qu'une veuve, la veuve de Sarepta, lui a faits avec ses dernières provisions, Élie lui promet que ses réserves d'huile et de farine ne s'épuiseront pas et que ses provisions se multiplieront. Et comme si ça ne suffisait pas, quelque temps plus tard, il ressuscite son fils.
Pour couronner le tout, il triomphe des prêtres de Baal, qui échouent à faire descendre le feu du ciel sur une victime sacrifiée, ce qu'Élie, lui, réussit sans problème. Les prêtres de Baal sont massacrés par le peuple, qui revient vers Dieu. Devant la fureur de Jézabel, Élie doit fuir une seconde fois. Déprimé, il songe à mourir, mais Dieu se rappelle à lui et Élie accepte de continuer sa tâche et d'oindre Élisée comme successeur.

### La vigne de Naboth

Plusieurs années plus tard, il prophétise la mort d'Achab et de sa femme Jézabel (p. 70) qui a aidé son mari à s'approprier la vigne de Naboth en faisant accuser ce dernier à tort. Achab se repent, ce qui lui vaut le pardon de Dieu, qui décide de ne frapper que la maison de son fils. Jézabel, elle, continue ses méfaits, ce qui lui vaut une mort atroce.

## Une drôle de mort

En présence d'Élisée, Élie est enlevé au ciel sur un char de feu conduit par des chevaux. En raison de cette mort qui n'en est pas une, certains ont pensé qu'il reviendrait sur terre et cru le reconnaître en Jean Baptiste (p. 47) ou en Jésus.

### LA TRANSFIGURATION

Élie apparaît dans un épisode des Évangiles, la Transfiguration. Ce jour-là, Jésus monte sur une montagne. Tout à coup, son visage devient brillant comme le soleil, ses vêtements blancs comme la lumière, et deux prophètes apparaissent à ses côtés : Élie et Moïse.

### ÉLISÉE

En digne successeur d'Élie, il accomplira des miracles : il ressuscitera le fils d'une femme, multipliera vingt pains pour nourrir du monde, puis la réserve d'huile d'une femme et guérira un homme de la lèpre.

## *Isaïe, le prophète de l'Emmanuel*

**UNE DRÔLE D'APPELLATION**

Isaïe, Jérémie et Ézéchiel sont parfois appelés les « grands prophètes » car le livre qui porte leur nom est… long ! Osée, Jonas et les autres sont appelés, eux, « petits prophètes » car leur livre, vous l'aurez deviné, est… court ! Mais, comme on le sait, la longueur d'un texte ne détermine pas forcément l'importance de son auteur…

Isaïe est né vers 765 av. J.-C. C'est un des prophètes de l'Ancien Testament les plus célèbres, et pas parce que le livre qui porte son nom est gros ! Issu d'une grande famille, il se mariera et aura deux enfants.
À vingt-cinq ans, il ressent l'appel de Dieu. Il tente alors de ramener le royaume de Juda vers le vrai et unique Dieu. Pour cela, il n'hésite pas à user de menaces : « Je vous dirai maintenant ce que je vais faire à ma vigne. J'en arracherai la haie, pour qu'elle soit broutée ; j'en abattrai la clôture, pour qu'elle soit foulée aux pieds. Je la réduirai en ruine ; elle ne sera plus taillée, ni cultivée ; les ronces et les épines y croîtront ; et je donnerai mes ordres aux nuées, afin qu'elles ne laissent plus tomber la pluie sur elle. » (Is 5, 5-6.) En d'autres termes, Jérusalem tombera en ruine et le royaume de Juda sera anéanti. Isaïe annonce également un pardon et une promesse de salut : la venue prochaine du Messie. Il parle notamment dans son livre de la naissance d'un enfant nommé Emmanuel, ce qui signifie « Dieu avec nous » : « C'est pourquoi le Seigneur lui-même vous donnera un signe ; voici, la jeune fille deviendra enceinte, elle enfantera un fils, et elle lui donnera le nom d'Emmanuel. » (Is 7, 14.) Plus loin, il ajoute : « Puis un rameau sortira du tronc de Jessé, et un rejeton naîtra

de ses racines. L'Esprit de l'Éternel reposera sur lui : Esprit de sagesse et d'intelligence, Esprit de conseil et de force, Esprit de connaissance et de crainte de l'Éternel. Il respirera la crainte de l'Éternel ; il ne jugera point sur l'apparence, il ne se prononcera point sur un ouï-dire. Mais il jugera les pauvres avec équité, et il prononcera avec droiture sur les malheureux de la terre ; il frappera la terre de sa parole comme d'une verge, et du souffle de ses lèvres il fera mourir le méchant. La justice sera la ceinture de ses flancs, et la fidélité la ceinture de ses reins. Le loup habitera avec l'agneau, et la panthère se couchera avec le chevreau ; le veau, le lionceau et le bétail qu'on engraisse seront ensemble, et un petit enfant les conduira. » (Is 11, 1-6.)

Les prophètes Michée et Zacharie annoncent eux aussi la venue du Messie. Pour Michée, il viendra de Bethléem. Les chrétiens s'appuient notamment sur ces paroles pour dire que Jésus est le Messie tant attendu.

**LE MESSIE**

Dans l'Ancien Testament, le messie est celui qui a reçu une onction d'huile sainte sur le front. Un roi ou un Grand Prêtre peuvent être un messie.

Les juifs attendent la venue du Messie, avec un grand M, qui doit les délivrer et leur apporter le bonheur éternel. Pour les chrétiens, Jésus est le Messie dont parle l'Ancien Testament. Dans le Nouveau Testament, Jésus est d'ailleurs appelé le Christ, *Khristos* en grec, qui signifie Messie.

L'ARBRE DE JESSÉ

L'arbre de Jessé, le père du roi David, est l'arbre généalogique de Jésus. Jessé, au pied de l'arbre, est représenté couché, à demi couché ou assis. Généralement, il dort. De lui part un arbre dont les branches portent ses descendants. On peut aussi y voir des prophètes ayant annoncé la venue du Messie. Au sommet de l'arbre se trouve Jésus, souvent représenté enfant dans les bras de sa mère.

## *Jérémie, le prophète de malheur*

Pour comprendre le livre de Jérémie, et celui d'Ézéchiel (voir ci-dessous), il faut avoir en tête certains éléments. À la mort de Salomon, le royaume est divisé en deux : au Nord le royaume d'Israël ; au Sud le royaume de Juda. En 722 av. J.-C., les Assyriens s'emparent du royaume d'Israël. En 597 av. J.-C., le royaume d'Israël est conquis par Nabuchodonosor, roi de Babylone, qui déporte une partie des habitants. Dix ans plus tard, après une révolte, Jérusalem est détruite.

Né vers 645 av. J.-C., Jérémie a connu plusieurs rois.
Quand les habitants du royaume du Sud se détournent de Dieu, Jérémie prophétise une série de catastrophes envoyées par Dieu pour punir le peuple. Ces prophéties de malheur ne sont pas du goût du peuple. Rejeté par sa famille, menacé de mort, Jérémie n'a plus le droit d'aller dans le Temple. Ses écrits sont détruits. Il est même arrêté et jeté au fond d'une citerne ! Mais il continue ses prophéties qui se révèlent vraies puisque Babylone conquiert le royaume du Sud.
Jésus, lui non plus, ne sera pas toujours bien compris. Un jour, de passage à Nazareth, il se met à commenter les Écritures. « D'où

lui viennent cette sagesse et ces miracles ? N'est-ce pas le fils du charpentier ? » se demandent les gens. Sentant leurs doutes, Jésus leur dit : « Un prophète n'est méprisé que dans sa patrie et dans sa maison. » (Mc 6, 4.) Cet dicton est plus connu sous la forme : « Nul n'est prophète en son pays », qui signifie qu'on est souvent mieux compris ailleurs que chez soi et par d'autres que les siens.

Mais revenons à Jérémie. Bien qu'il ne fût pas exilé à Babylone, il dut cependant fuir en Égypte, où il serait mort.

Déprimé, sensible et angoissé, Jérémie serait l'auteur du livre des Lamentations – ce qui est somme toute logique. Au début du chapitre 3, on peut lire : « Je suis l'homme qui a vu la misère sous la verge de sa fureur. Il m'a conduit, mené dans les ténèbres, et non dans la lumière. Contre moi il tourne et retourne sa main tout le jour. Il a fait dépérir ma chair et ma peau, Il a brisé mes os. » (Lm 3, 1-4.) Pas gai gai, effectivement.

**DES JÉRÉMIADES**

Le prophète Jérémie a donné le nom commun « jérémiades » dont le sens est « lamentations exagérées ». On ne peut être plus clair… Le poète Guillaume Guéroult, au XVIe siècle, a imaginé ses plaintes :

*… Ô vous qui par ici passez,*
*Las pensez*
*À mon tourment misérable :*
*Voyez s'il y a douleur*
*Ou malheur,*
*À ma tristesse semblable.*

## *Ézéchiel, le visionnaire*

Ézéchiel est né dans le même contexte que Jérémie, mais, à la différence de Jérémie, il a été déporté à Babylone en 597 av. J.-C. alors qu'il était un jeune prêtre. À Babylone, il annonce au peuple que le pire est à venir. Dix ans plus tard, sa prophétie se réalise avec la destruction de Jérusalem et du Temple.
Mais Ézéchiel n'est pas qu'un prophète de malheur. En effet, il prophétise également la renaissance de Jérusalem et la construction d'un nouveau temple, ce qui se réalisera également.
On peut diviser le livre d'Ézéchiel en trois parties. La première partie, adressée aux exilés, vise à montrer au peuple que l'exil à Babylone est le résultat de leurs péchés. La deuxième, essentiellement adressée aux juifs restés à Jérusalem, annonce la destruction du Temple. Dans la troisième figure la célèbre vision de la vallée des ossements (voir ci-dessous). Les derniers chapitres contiennent la vision du Temple reconstruit, qui sera consacré sous la domination perse vers 516 av. J.-C., avant d'être de nouveau détruit en 70 par les Romains.
Prophète pendant plus de vingt ans, Ézéchiel, célèbre pour son langage imagé, peut également rester muet pendant des mois. Il utilise souvent la première personne dans son livre.

**LA VALLÉE DES OSSEMENTS**

Un jour, Ézéchiel a une vision. Dieu le dépose dans une vallée remplie d'ossements et lui demande de prophétiser sur ces ossements pour les réanimer. Pendant qu'Ézéchiel lance aux ossements les paroles que lui a dictées Dieu, « il y eut un bruit, et voici, il se fit un mouvement, et les os s'approchèrent les uns des autres. Je regardai, et voici, il leur vint des nerfs, la chair crût, et la peau les couvrit par-dessus ; mais il n'y avait point en eux d'esprit. » (Ez 37, 7-8.) Dieu lui demande alors de parler à l'esprit. Ézéchiel s'exécute et les morts revivent... Comme Dieu l'explique alors, les os, ce sont toute la maison d'Israël, qui se croit abandonnée, mais qui, comme les os, revivra et rentrera chez elle.

**HÉBREUX, ISRAÉLITES OU JUIFS ?**

Dans la Bible, les Hébreux sont une tribu nomade qui va s'installer dans le pays de Canaan. Israël est pour sa part le nouveau nom donné par Dieu à Jacob après sa lutte avec l'ange (voir Jacob, p. 34). Israël (ex-Jacob) fonde le peuple israélite. Quant à juif, le mot vient de Juda, tout à la fois le nom d'un des fils de Jacob et d'un des deux royaumes après leur séparation à la mort de Salomon. Juif signifie à l'origine judéen, du royaume de Juda. Puis, avec le temps et notamment après le retour d'exil, le mot a fini par désigner tous les croyants dans le Dieu de l'Ancien Testament, où qu'ils habitent.

## *Daniel, l'homme qui savait interpréter les signes*

Daniel, un juif de bonne famille, a été déporté à Babylone. Un jour, le roi Nabuchodonosor fait un rêve, mais il l'oublie. Personne ne réussissant à le deviner et donc à l'interpréter, Nabuchodonosor menace de tuer tous les sages. C'est là que Daniel intervient. Il commence par révéler son rêve au roi : « Ô roi, tu regardais, et tu voyais une grande statue ; cette statue était immense, et d'une splendeur extraordinaire ; elle était debout devant toi, et son aspect était terrible. La tête de cette statue était d'or pur ; sa poitrine et ses bras étaient d'argent ; son ventre et ses cuisses d'airain ; ses jambes, de fer ; ses pieds, en partie de fer et en

partie d'argile. Tu regardais, lorsqu'une pierre se détacha sans le secours d'aucune main, frappa les pieds de fer et d'argile de la statue, et les mit en pièces. Alors le fer, l'argile, l'airain, l'argent et l'or furent brisés ensemble, et devinrent comme la balle qui s'échappe d'une aire en été ; le vent les emporta, et nulle trace n'en fut retrouvée. Mais la pierre qui avait frappé la statue devint une grande montagne, et remplit toute la terre. » (Dn 2, 31-35.)
Puis Daniel explique au roi son rêve : le roi est la tête d'or, les royaumes qui le suivront seront inférieurs (d'argent, de bronze...) et le dernier, de fer et d'argile, comme les pieds de la statue, fort et fragile à la fois. Une pierre suffira à le détruire. Ravi, le roi prend Daniel à son service. La prophétie de Daniel se réalisera puisque l'Empire babylonien sera conquis par le roi de Perse. C'est de cet épisode que vient l'expression « un colosse (du grec *kolossos* désignant une très grande statue) aux pieds d'argile », utilisée pour parler de quelqu'un ou d'une institution fragile, même s'il semble fort.
Quelques années plus tard, Balthazar succède à son père Nabuchodonosor. Un jour, au cours d'un banquet, il profane les vases sacrés volés dans le Temple de Jérusalem par son père en buvant dedans. C'est alors qu'une mystérieuse inscription apparaît sur le mur. Seul Daniel saura en expliquer le sens : le règne de Balthazar est bientôt terminé et son royaume sera divisé. Le soir même, Balthazar meurt...
C'est à présent au tour de Darius de régner sur Babylone. Son amitié pour Daniel provoque la jalousie de ses conseillers, qui cherchent à se débarrasser de lui par tous les moyens. Sachant qu'il continue de prier le Dieu d'Israël, ils font publier une loi : ceux qui prieront un autre homme ou un autre dieu que le roi dans les trente jours seront jetés dans la fosse aux lions. Ayant pris peu après Daniel en flagrant délit, ils l'arrêtent et le livrent aux lions.

Le lendemain, Darius, très triste, se rend à la fosse. Miracle ! Daniel n'a pas été dévoré par les lions. Le roi le tire de la fosse où il fait mettre ses conseillers, rapidement dévorés par les fauves...

**L'APOCALYPSE DE DANIEL**

L'apocalypse (mot grec signifiant révélation) était un genre littéraire de type ésotérique. Les chapitres 7 à 12 du livre de Daniel relèvent de ce genre. Dans un langage codé et imagé, Daniel raconte ses visions. Il dit également qu'il ne faut pas perdre espoir et affirme un des premiers la croyance en la vie éternelle : « Plusieurs de ceux qui dorment dans la poussière de la terre se réveilleront, les uns pour la vie éternelle, et les autres pour l'opprobre, pour la honte éternelle. » (Dn 12, 2.)

## *Jonas, le rebelle à la baleine*

Jonas est pour toujours associé à la baleine, bien que la Bible ne parle que d'un « grand poisson ». Les peintres le représentent généralement recraché par ce mammifère marin. Voici l'histoire. Dans le livre de Jonas, Dieu envoie le prophète dans la ville étrangère et païenne de Ninive, mais Jonas refuse d'y aller. Il prend un bateau et fuit dans la direction opposée. Quel drôle de prophète ! Une grande tempête survient. Jonas, comprenant que la tempête est un signe du mécontentement de Dieu, demande aux matelots de le jeter à la mer pour la calmer. C'est là qu'il est englouti par « un grand poisson », la baleine des tableaux. Il restera trois jours dans son ventre, avant d'être rejeté sur le rivage.

Ayant compris la leçon, Jonas se rend à Ninive pour y annoncer le jugement de Dieu. Ce qu'il n'avait pas prévu, c'est qu'à cette annonce, la ville se convertirait, et que Dieu déciderait de surseoir à son jugement et de gracier les habitants. Jonas est furieux. Il quitte la ville et s'assoit. Dieu fait pousser un ricin pour lui faire de l'ombre et lui redonner le moral. Jonas est content, mais le ricin, attaqué par un ver, meurt. Jonas s'énerve. Décidément, rien ne va ! Dieu lui fait alors remarquer ses incohérences : « Tu as pitié du ricin qui ne t'a coûté aucune peine et que tu n'as pas fait croître, qui est né dans une nuit et qui a péri dans une nuit. Et moi, je n'aurais pas pitié de Ninive, la grande ville, dans laquelle se trouvent plus de cent vingt mille hommes qui ne savent pas distinguer leur droite de leur gauche, et des animaux en grand nombre ! » (Jon 4, 10-11.) Fin de l'histoire.

**JONAS ET JÉSUS**

Les trois jours que Jonas passe dans le ventre du poisson ne sont pas sans rappeler les trois jours que Jésus passe dans la terre avant de ressusciter, comme Jésus le prophétise lui-même dans l'évangile de Matthieu : « Car, de même que Jonas fut trois jours et trois nuits dans le ventre d'un grand poisson, de même le Fils de l'homme sera trois jours et trois nuits dans le sein de la terre. » (Mt 12, 40.)

## *Jour 7*

# Repos !

*Ainsi furent achevés les cieux et la terre, et toute leur armée. Dieu acheva au septième jour son œuvre, qu'il avait faite : et il se reposa au septième jour de toute son œuvre, qu'il avait faite. Dieu bénit le septième jour, et il le sanctifia, parce qu'en ce jour il se reposa de toute son œuvre qu'il avait créée en la faisant.* (Gn 2, 1-3.)

Le septième jour de la création du monde, Dieu se repose. En souvenir de ce jour-là, les juifs cessent toute activité le samedi pour se consacrer à Dieu. Mais, dans le monde du travail, le septième jour de la semaine est plutôt un dimanche, jour où les chrétiens fêtent la résurrection de Jésus. Quoi qu'il en soit, le septième jour est un jour où l'homme ne travaille généralement pas. Il a donc du temps pour ce petit programme inspiré de la Bible.

## *Une petite exposition pour commencer : la Bible dans l'art*

Après une bonne nuit et un bon petit-déjeuner, c'est l'heure d'une exposition consacrée à la Bible dans l'art.
Les artistes se sont de tout temps inspirés de la Bible pour créer des chefs-d'œuvre. Cela continue d'ailleurs de nos jours où de grands artistes comme Arcabas revisitent les épisodes de la Bible. Faisons un petit tour de quelques œuvres inspirées par la Bible, en commençant par celles liées à l'Ancien Testament.

La création de l'homme la plus connue est celle de Michel-Ange, même si elle ne suit pas le récit biblique puisque Dieu donne vie à Adam, beau et musclé, en pointant son index sur lui. Ce tableau est un des plus utilisés en publicité et en édition, et on ne compte plus les livres où la main d'Adam et celle de Dieu figurent en couverture.
Les représentations d'Adam et Ève mangeant le fruit défendu – représenté par une pomme – pullulent, mais celle de Cranach l'Ancien où Adam se gratte la tête – genre je le sens pas ce coup-là – est très réussie.
La représentation du meurtre d'Abel par Caïn met plus ou moins l'accent sur la cruauté de Caïn. Dans la version du Tintoret, Abel, illuminé par une couleur blanche, la couleur de l'innocence, subit la violence de son frère. À droite, la tête d'un agneau, symbolisant Jésus-Christ.
Pour l'arche de Noé, on trouve soit des tableaux montrant les animaux montant dans l'arche, soit des tableaux représentant l'arche entourée d'eau, et Noé lâchant une colombe.
La tour de Babel la plus célèbre est sans nul doute celle de Bruegel. Gigantesque et inachevée, elle paraît fragile. Les hommes paraissent minuscules à ses côtés.

Une mosaïque byzantine de Ravenne résume l'histoire d'Abraham : on y voit l'épisode des chênes de Mambré où il reçoit la visite de trois anges venus lui annoncer que sa vieille femme Sarah mettra bientôt au monde un fils, et à droite le sacrifice de ce fils tant attendu. Le sacrifice d'Isaac, comme le meurtre d'Abel, voit les artistes mettre ou non l'accent sur l'horreur de la scène. Chez le Caravage, Isaac crie, paniqué. En revanche, chez Rembrandt, de la même époque, Isaac semble plus calme, comme s'il avait toute confiance en son père Abraham.

Quant à Moïse, si Botticelli reste une référence pour le Buisson ardent, rien ne vaut le film de Cecil B. DeMille pour imaginer le passage de la mer Rouge.

Les sculpteurs ont également servi la Bible. Le Bernin a ainsi réalisé une magnifique sculpture de David. Le visage tendu sous l'effort, presque nu, il est sur le point de lancer une pierre avec sa fronde. À ses pieds, la cuirasse qu'il a refusé de porter et la harpe dont il jouait si bien.

Pour ce qui est de Salomon, le fils de David, c'est certainement le tableau de Nicolas Poussin qui illustre le mieux son célèbre jugement. Ce tableau, où plusieurs événements se passent en même temps, utilise les couleurs pour montrer l'opposition entre les deux mères : la mauvaise mère a le teint verdâtre quand la vraie mère, les bras ouverts, est vêtue de couleurs claires.

Avant d'en finir avec l'Ancien Testament, arrêtons-nous un instant sur Rubens peignant Daniel dans la fosse aux lions. Un chef-d'œuvre où Daniel prie, entouré par une meute apaisée de lions.

Jésus a également énormément inspiré les artistes.

On ne peut bien évidemment passer en revue tous les épisodes de la vie de Jésus peints ou sculptés. Arrêtons-nous donc, comme pour l'Ancien Testament, sur quelques chefs-d'œuvre, parfois moins connus : le tableau de Dürer montrant le jeune Jésus, calme, entouré des docteurs de la Loi, vieux et grincheux ; la

résurrection de Lazare peinte par Van Gogh ; le tableau de Chirico représentant le fils prodigue, sous la forme d'un mannequin de bois, retrouvant son père, solide comme un roc ; la Crucifixion de Jésus par Gustave Moreau où l'on voit les deux larrons, le mauvais se tordant de douleur pendant que le bon s'adresse à Jésus ; la célèbre *Pietà* de Michel Ange, où Marie soutient le corps de son fils descendu de la croix ; le Bon Samaritain, tout de rouge vêtu, hissant le blessé sur son cheval, peint par Delacroix ; la *Cène* de Vinci où les douze apôtres, à qui Jésus vient de dire que l'un d'eux va le trahir, s'agitent en tous sens pour savoir de qui il s'agit...
Mais tout ça, ça creuse. Place au repas.

## *Un repas divin*

La nourriture tient une grande place dans la Bible. C'est à cause d'elle qu'Ésaü vend son droit d'aînesse, c'est elle qu'invoquent les Hébreux dans le désert, regrettant ce qu'ils mangeaient en Égypte, c'est souvent au cours de repas que Jésus discute avec les pharisiens, des juifs très pieux, c'est elle qu'évoque à plusieurs reprises Jésus dans ses paraboles (*cf.* la parabole du figuier, celle du filet de pêche...), c'est à la suite d'un repas que Salomé obtient la tête de Jean Baptiste, c'est elle que Dieu fait surgir miraculeusement pour subvenir aux besoins de son peuple, c'est grâce à elle que Rébecca gruge son mari pour lui faire bénir Jacob à la place d'Ésaü... Bref, la nourriture est partout.
Il est temps à présent de se mettre à table autour d'une recette tirée du livre *Cuisines de la Bible – 55 recettes divines inspirées de l'Ancien et du Nouveau Testament*, publié aux éditions Télémaque. Voici la recette de l'agneau rôti aux herbes amères de la Pâque, reproduite avec l'autorisation des auteurs et de l'éditeur. Elle est précédée, comme toutes les recettes du livre, du passage biblique l'ayant inspirée et d'un commentaire.

**AGNEAU RÔTI AUX HERBES AMÈRES**

« L'Éternel dit à Moïse et à Aaron dans le pays d'Égypte : Ce mois-ci sera pour vous le premier des mois ; il sera pour vous le premier des mois de l'année. Parlez à toute l'assemblée d'Israël, et dites : Le dixième jour de ce mois, on prendra un agneau pour chaque famille, un agneau pour chaque maison. Si la maison est trop peu nombreuse pour un agneau, on le prendra avec son plus proche voisin, selon le nombre des personnes ; vous compterez pour cet agneau d'après ce que chacun peut manger. Ce sera un agneau sans défaut, mâle, âgé d'un an ; vous pourrez prendre un agneau ou un chevreau. Vous le garderez jusqu'au quatorzième jour de ce mois ; et toute l'assemblée d'Israël l'immolera entre les deux soirs. On prendra de son sang, et on en mettra sur les deux poteaux et sur le linteau de la porte des maisons où on le mangera. Cette même nuit, on en mangera la chair, rôtie au feu ; on la mangera avec des pains sans levain et des herbes amères. Vous ne le mangerez point à demi cuit et bouilli dans l'eau ; mais il sera rôti au feu, avec la tête, les jambes et l'intérieur. Vous n'en laisserez rien jusqu'au matin ; et, s'il en reste quelque chose le matin, vous le brûlerez au feu. Quand vous le mangerez, vous aurez vos reins ceints, vos souliers aux pieds, et votre bâton à la main ; et vous le mangerez à la hâte. C'est la Pâque de l'Éternel. Cette nuit-là, je passerai dans le pays d'Égypte, et je frapperai tous les premiers-nés du pays d'Égypte, depuis les hommes jusqu'aux animaux, et j'exercerai des jugements contre tous les dieux de l'Égypte. Je suis l'Éternel. Le sang vous servira de signe sur les maisons où vous serez ; je verrai le sang, et je passerai par-dessus vous, et il n'y aura point de plaie qui vous détruise, quand je frapperai le pays d'Égypte. » (Ex 12, 1-13.)

*Dieu a envoyé par l'intermédiaire de Moïse neuf plaies sur l'Égypte sans réussir à fléchir Pharaon, qui garde les Hébreux en esclavage :*

→

*le changement des eaux du Nil en sang, une invasion de grenouilles, une de moustiques, une de vermine, l'infection du bétail par la peste, une épidémie de pustules, la grêle, une invasion de sauterelles et la tombée des ténèbres sur tout le pays. Il décide donc d'envoyer une dixième plaie : la mort de tous les enfants premiers-nés du pays. Pour épargner ceux de son peuple, il demande aux Hébreux de prendre un agneau ou un chevreau, d'utiliser son sang pour en badigeonner leurs maisons afin qu'il les reconnaisse, de le manger rôti avec des pains sans levain et des herbes amères et de ne pas laisser de restes. Le soir même, Dieu tue les premiers-nés égyptiens. Pharaon, qui a perdu son fils, consent enfin à libérer les Hébreux.*
*Chaque année, à Pessah, la Pâque juive, les juifs revivent cette libération.*

### *La recette*

**Ingrédients pour 6 personnes :** 1 gigot d'agneau de 2 kg environ (ou 2 souris d'agneau) ; 2 c. à s. de gros sel ; 1 oignon ; 20 g de persil ; 1 laitue ; 150 g de cresson ; 150 g d'épinards ; 150 g d'oseille ; 100 g de raifort + 1 c. à s. pour la vinaigrette ; 100 g de crème liquide ; 50 g de beurre ; 3 c. à s. d'huile d'olive ; 1 c. à s. de moutarde ; 1 c. à s. de vinaigre de cidre ; sel, poivre noir

**Préparation :** 20 min la veille, et cuisson 2 heures
› La veille, parsemez la viande de gros sel, puis entourez-la d'un film alimentaire avec des grains de sel et la moitié des brins de persil à l'intérieur du film, et réservez au frais jusqu'au lendemain.
› Débarrassez la viande des grains de sel, en la rinçant à l'eau si besoin, puis incisez-la à une dizaine d'emplacements. Épluchez l'oignon, sous l'eau pour ne pas pleurer, puis émincez-le et insérez les tranches d'oignon dans le gigot. Procédez de la même façon

si vous avez choisi deux souris d'agneau. Vous pouvez également réaliser cette recette avec des tranches de gigot ; dans ce dernier cas enfermez-les dans un récipient hermétique sur un lit de sel et d'oignons.

› Beurrez un plat à four, puis tartinez la viande d'une couche fine de raifort avant de la mettre dans le plat.

› Faites cuire 2 heures à 240 °C (th. 10-12), en arrosant du jus de cuisson à intervalles réguliers.

› Pendant ce temps, préparez la sauce au raifort en mélangeant au fouet la crème et le raifort, puis faites chauffer le mélange dans une poêle et mettez-y les épinards et le cresson à revenir quelques minutes. Ajoutez du jus de cuisson de la viande.

› Lavez la laitue et l'oseille, puis préparez la vinaigrette en mélangeant l'huile d'olive, la moutarde et la cuillère à soupe de raifort. Salez, poivrez.

› Hachez le reste du persil et saupoudrez-en les salades.

› Servez l'agneau sur son lit de verdure pochée au raifort et de la salade, avec du pain de pierre... sorti du four !

## *Un thriller qui finit bien*

Après un bon déjeuner, une sieste réparatrice, une balade digestive, voici déjà l'heure du film. Et ce soir, thriller au programme. Cavalier, dragons, bêtes monstrueuses, trompettes, chute des astres... frissons garantis. Attention à ne pas regarder la VO sans sous-titres au risque de ne rien comprendre, tant le langage est symbolique et codé. Et, ce qui n'est pas banal pour ce genre de films, c'est un thriller qui finit bien.

Mais de quoi s'agit-il ?

Au programme ce soir l'Apocalypse, le dernier livre du Nouveau Testament, qui aurait été écrit à la fin du Ier siècle par l'apôtre

Jean. Comme on l'a vu pour l'apocalypse de Daniel (p. 155), l'apocalypse était un genre littéraire ésotérique. Le terme vient d'un mot grec qui signifie révélation. Les premiers mots du livre sont d'ailleurs : Révélation de Jésus-Christ. Une apocalypse est en quelque sorte une révélation qui permet de découvrir le sens caché des événements qu'elle décrit.
L'Apocalypse de Jean est souvent mal comprise, d'autant qu'aujourd'hui, ce mot est synonyme de catastrophe et de fin du monde. Pour la comprendre, il faut :

- la remettre dans le contexte : quand elle a été écrite, les chrétiens étaient menacés. Son auteur veut en fait donner un message d'espoir : après ces persécutions, représentées dans le livre par une série de catastrophes, viendra un nouvel âge où le Christ triomphera. En effet, l'Apocalypse se termine bien, avec le retour et la victoire du Christ pour toujours ;
- la décoder : l'auteur, pour ne pas être menacé, a codé son message : symboles, formules, chiffres et couleurs parsèment le texte, le rendant peu accessible aujourd'hui. Sans compter qu'il nécessite une bonne connaissance de l'Ancien Testament, auquel il se réfère souvent.

Voici un petit extrait pour vous donner une idée – les quatre cavaliers de l'Apocalypse : « Je regardai, quand l'agneau ouvrit un des sept sceaux, et j'entendis l'un des quatre êtres vivants qui disait comme d'une voix de tonnerre : Viens. Je regardai, et voici, parut un cheval blanc. Celui qui le montait avait un arc ; une couronne lui fut donnée, et il partit en vainqueur et pour vaincre. Quand il ouvrit le second sceau, j'entendis le second être vivant qui disait : Viens. Et il sortit un autre cheval, roux. Celui qui le montait reçut le pouvoir d'enlever la paix de la terre, afin que les hommes s'égorgeassent les uns les autres ; et une grande épée lui fut donnée. Quand il ouvrit le troisième sceau, j'entendis le troisième être vivant qui disait : Viens. Je regardai, et voici, parut un cheval noir. Celui qui le montait tenait une balance dans sa main. Et j'entendis au milieu des quatre êtres vivants une voix qui disait : une mesure de blé pour un denier, et trois mesures d'orge pour un denier ; mais ne fais point de mal à l'huile et au vin. Quand il ouvrit le quatrième sceau, j'entendis la voix du quatrième être vivant qui disait : Viens. Je regardai, et voici, parut un cheval d'une couleur pâle. Celui qui le montait se nommait la mort, et le séjour des morts l'accompagnait. Le pouvoir leur fut donné sur le quart de la terre, pour faire périr les hommes par l'épée, par la famine, par la mortalité, et par les bêtes sauvages de la terre. » (Ap 6, 1-8.) Comme vous voyez, pas facile à comprendre. En gros, l'auteur voit apparaître quatre cavaliers : le premier symbolise la Conquête, le deuxième la Guerre, le troisième la Famine et le quatrième la Mort.

## *Une nuit torride*

Après ce film terrifiant, qui n'aurait pas envie de se blottir dans les bras d'une personne aimée ? Eh bien cela tombe bien puisque la dernière activité de ce septième jour sera de lire le Cantique des cantiques, livre de l'Ancien Testament attribué à Salomon. La nuit sera courte...

Le Cantique des cantiques est en effet un magnifique chant d'amour où deux fiancés se rencontrent, s'aiment, se séparent, se retrouvent...

En voici un extrait :

« Que tu es belle, mon amie, que tu es belle ! Tes yeux sont des colombes, derrière ton voile. Tes cheveux sont comme un troupeau de chèvres, suspendues aux flancs de la montagne de Galaad. Tes dents sont comme un troupeau de brebis tondues, qui remontent de l'abreuvoir ; toutes portent des jumeaux, aucune d'elles n'est stérile. Tes lèvres sont comme un fil cramoisi, et ta bouche est charmante ; ta joue est comme une moitié de grenade, derrière ton voile. Ton cou est comme la tour de David, bâtie pour être un arsenal ; mille boucliers y sont suspendus, tous les boucliers des héros. Tes deux seins sont comme deux faons, comme les jumeaux d'une gazelle, qui paissent au milieu des lis. Avant que le jour se rafraîchisse, et que les ombres fuient, j'irai à la montagne de la myrrhe et à la colline de l'encens. Tu es toute belle, mon amie, et il n'y a point en toi de défaut. Viens avec moi du Liban, ma fiancée, viens avec moi du Liban ! Regarde du sommet de l'Amana, du sommet du Senir et de l'Hermon, des tanières des lions, des montagnes des léopards. Tu me ravis le cœur, ma sœur, ma fiancée, tu me ravis le cœur par l'un de tes regards, par l'un des colliers de ton cou. Que de charmes dans ton amour, ma sœur, ma fiancée ! Comme ton amour vaut mieux que le vin, combien tes parfums sont plus suaves que tous les aromates ! Tes lèvres distillent le miel, ma fiancée ; il y a sous ta langue du miel et du lait, et l'odeur de tes vêtements est comme l'odeur du Liban. Tu es un jardin fermé, ma sœur, ma fiancée, Une source fermée, une fontaine scellée. Tes jets forment un jardin, où sont des grenadiers, avec les fruits les plus excellents, les troènes avec le nard ; le nard et le safran, le roseau aromatique et le cinnamome, avec tous les arbres qui donnent l'encens ; la myrrhe et l'aloès, avec tous les principaux aromates ; une fontaine des jardins, une source d'eaux vives, des ruisseaux du Liban. » (Ct 4, 1-15.)

Ce texte aux accents érotiques a eu du mal à être accepté par les exégèses bibliques. Voilà pourquoi on a aussi vu dans cette histoire d'amour celle de Dieu avec son peuple, ou de Dieu avec chaque personne. Quoi qu'il en soit, il ne faut pas oublier – et nous terminerons ainsi – que la Bible n'est pas un livre ascétique mais un livre de vie, où l'amour a sa place.

# CRÉDITS

## CITATIONS

Les citations de la Bible proviennent de la traduction de la Bible de 1910 par Louis Segond, libre de droits. Elle est notamment consultable sur ce site : http://www.info-bible.org/lsg/INDEX.html

## BIBLIOGRAPHIE

Jean-François Bouthors, *Petite initiation à la Bible,* Médiaspaul, 2014

Fernand Comte, *Les Grandes Figures de la Bible,* Bordas, 1992

Éric Denimal, *La Bible pour les nuls,* First, 2004

Christine Pedotti et Michel Dubost, *Petite encyclopédie du catholicisme pour tous,* Mame/Théo, 2007

Christine Pedotti, *La Bible racontée comme un roman,* XO éditions, 2015

Christine Pedotti, *La Bible racontée comme un roman,* tome 2, XO éditions, 2016

*Dictionnaire encyclopédique du judaïsme,* Cerf/Robert Laffont, 1993

*Le Dico des héros de la Bible dans l'art*, Bayard, 2009
*Le Dico des symboles chrétiens dans l'art*, Bayard, 2009
*Jésus le Christ et les Évangiles dans l'art*, Bayard, 2011
La Bible, nouvelle traduction liturgique : www.aelf.org/bible-liturgie

# TABLE DES MATIÈRES

**Sommaire** ........ **5**

**Préparation au voyage** ........ **7**
Rédaction, composition et traduction de la Bible ........ 7
Bref résumé de l'Ancien et du Nouveau Testament ........ 10
Composition de l'Ancien et du Nouveau Testament ........ 11

***Jour 1***
**La Torah, ou on ne rigole pas avec la Loi** ........ **15**
La Genèse ........ 16
L'Exode ........ 18
Le Lévitique ........ 19
Les Nombres ........ 21
Le Deutéronome ........ 22

***Jour 2***
**Des hommes incroyables** ........ **25**
1) Dans l'Ancien Testament ........ 26
*Adam, le premier homme* ........ 26
*Caïn et Abel, les frères ennemis* ........ 27

*Noé, le second père de l'humanité*.....29
*Abraham, le Père des croyants*..... 30
*Ismaël, l'exclu*.....32
*Isaac, de victime sauvée de justesse à père floué*.....32
*Ésaü, ou ventre affamé n'a point d'oreilles et qui va à la chasse perd sa place*.....33
*Jacob, le rusé aux douze fils*..... 34
*Joseph, ou comment passer d'esclave à ministre*.....37
La réconciliation.....38
*Josué, le conquérant*.....39
*Samson, la force de la nature qui aimait trop les femmes*.... 40
*Tobie, celui qui voyage avec un ange*.....41
*Job, ou qu'est-ce que j'ai fait pour mériter ça ?*.....42
2) Dans Le Nouveau Testament..... 44
*Jésus, le Messie pour les chrétiens*..... 44
*Joseph, le père d'adoption*..... 46
*Jean Baptiste, le Précurseur qui mangeait des sauterelles*.....47
*Les douze apôtres*..... 49
*Les quatre évangélistes*.....52
*Caïphe, le grand prêtre jaloux et veule*..... 54
*Pilate, l'homme qui s'en lave les mains*.....55
*Nicodème et Joseph d'Arimathie, deux juifs qui appréciaient Jésus*.....56
*Paul, de persécuteur à missionnaire*.....58
*Étienne, le premier martyr*.....59

## *Jour 3*

**Des femmes surprenantes ..... 61**
1) Dans l'Ancien Testament.....62
*Ève, la mère de tous les vivants*.....62
*Sarah, celle qui n'y croyait plus*..... 64

*Rébecca, la rusée* ........ 65
*Rachel, la femme qui revient cher* ........ 67
*Ruth, l'étrangère* ........ 68
*Jézabel, la garce impie* ........ 70
*Athalie, ou les chiens ne font pas des chats* ........ 71
*Esther, la reine fidèle à ses racines* ........ 72
*Judith, ou rien ne résiste à une femme courageuse* ........ 75
*Suzanne, un modèle de vertu* ........ 76
2) Dans le Nouveau Testament ........ 77
*Marie, la nouvelle Ève* ........ 78
*Marie-Madeleine, la pécheresse au grand cœur* ........ 80
*Marthe, celle qui court partout, et sa sœur Marie, celle qui sait prendre son temps* ........ 81
*Hérodiade, la vengeance est un plat qui se mange froid* ........ 82
*Salomé, la danseuse influençable* ........ 83

***Jour 4***
**Quelques épisodes fameux** ........ **85**
1) Dans l'Ancien Testament ........ 86
*La création du monde* ........ 86
*Le fruit défendu* ........ 87
*L'arche de Noé* ........ 89
*La tour de Babel* ........ 90
*Sodome et Gomorrhe* ........ 92
*Le sacrifice d'Isaac* ........ 93
*Le Buisson ardent* ........ 94
*Les Dix Plaies d'Égypte* ........ 95
*La mer Rouge* ........ 96
*La manne* ........ 97
*Les Dix Commandements* ........ 98
*Le Veau d'or* ........ 99
*David contre Goliath* ........ 99

*Le jugement de Salomon* .......... 100
2) Dans le Nouveau Testament .......... 101
*L'Annonciation* .......... 102
*Le songe de Joseph* .......... 102
*La Visitation* .......... 103
*La Nativité* .......... 104
*Les Rois mages* .......... 104
*La fuite en Égypte* .......... 106
*La présentation de Jésus au Temple* .......... 106
*Les docteurs de la Loi* .......... 107
*Le baptême par Jean Baptiste* .......... 107
*Les tentations au désert* .......... 108
*L'appel des premiers disciples* .......... 108
*Les grands miracles* .......... 109
Les Noces de Cana .......... 109
La Multiplication des pains .......... 109
Lève-toi et marche .......... 110
La résurrection de Lazare .......... 110
*Le Sermon sur la montagne* .......... 110
*Les paraboles célèbres* .......... 111
Le Bon Samaritain .......... 111
La brebis égarée .......... 112
Le fils prodigue .......... 112
*La femme adultère* .......... 113
*La Samaritaine* .......... 114
*Zachée* .......... 114
*L'entrée à Jérusalem* .......... 114
*Les marchands du Temple* .......... 115
*Le lavement des pieds* .......... 116
*La Cène* .......... 116
*Le jardin des Oliviers* .......... 117
*Le procès* .......... 117
*Le jugement par Pilate* .......... 118

*La Crucifixion* ........ 120
*La descente de croix* ........ 121
*La mise au tombeau* ........ 121
*La Résurrection* ........ 122
*L'Ascension* ........ 123
*La Pentecôte* ........ 124

**Jour 5**

**Quelques grands rois de l'Ancien Testament ........ 125**
*Saül, le roi dépassé par la fonction* ........ 126
Les erreurs ........ 126
La rivalité avec un jeune berger ........ 127
Une fin inévitable ........ 127
*David, ou la valeur n'attend pas le nombre des années* ........ 128
Un jeune homme plein d'avenir ........ 128
La Ville sainte ........ 129
La faute ........ 129
Les enfants, quel souci ! ........ 130
*Salomon, ou la sagesse n'empêche pas la décadence* ........ 131
La sagesse en cadeau ........ 131
Le Temple ........ 132
Une visite qui vaut de l'or ........ 132
De l'expansion à la décadence ........ 132
*Et après ?* ........ 134

**Jour 6**

**Quelques célèbres prophètes de l'Ancien Testament ........ 137**
*Moïse, le libérateur* ........ 138
Des débuts difficiles ........ 139
La mission ........ 139
Quarante ans dans le désert ........ 142

La mort de Moïse ... 143
*Samuel, le découvreur de rois* ... 143
L'appel de Dieu ... 144
Le juge ... 144
Le faiseur de rois ... 144
*Élie, l'ennemi des idolâtres* ... 146
Les miracles d'Élie ... 146
La vigne de Naboth ... 146
Une drôle de mort ... 147
*Isaïe, le prophète de l'Emmanuel* ... 148
*Jérémie, le prophète de malheur* ... 150
*Ézéchiel, le visionnaire* ... 152
*Daniel, l'homme qui savait interpréter les signes* ... 153
*Jonas, le rebelle à la baleine* ... 155

***Jour 7***

**Repos ! ... 157**
*Une petite exposition pour commencer : la Bible dans l'art* ... 158
*Un repas divin* ... 160
*Un thriller qui finit bien* ... 163
*Une nuit torride* ... 165

**Crédits ... 167**
Citations ... 167
Bibliographie ... 167

Achevé d'imprimer en mars 2018
sur les presses de la Nouvelle Imprimerie Laballery
58500 Clamecy
Dépôt légal : mars 2018
N° d'impression : 802105

*Imprimé en France*

La **N**ouvelle **I**mprimerie **L**aballery est titulaire de la marque Imprim'Vert®